# 管理職が添削する「通知表 "所見の言葉"」

駒井隆治 著

―教師目線の書き方トレーニングBOOK

明治図書

# はじめに

　通知表の思い出は、人それぞれでしょう。
　もし、あなたが保護者だったら、次のようなわが子の通知表の所見を見たらどう思いますか？

> A　素直で優しくてクラスの誰とでも仲良く遊んでいるようです。運動会の練習には一生懸命取り組みました。黒板係の仕事もしっかりしてくれています。何事も丁寧に取り組む姿勢は素晴らしく、今後に期待しています。

　「わが子は学校でちゃんとやっている。先生もほめているし、まあまあなのだろう。でも、一体どんなことをしたのだろう……？」というところでしょうか。
　次の所見では、どうでしょうか。

> B　休み時間には素早く外に出て大勢の友達と大きな声を出して元気に遊んでいます。イベント係として毎月楽しい企画を立てて提案し、みんなを楽しませました。作文では「わたしのお母さん」という題で仕事と家事のために忙しく動き回るお母さんの姿をとらえたすぐれた作文を書きました。

　Aは、通り一遍の子どもの姿を述べています。けれど、何かよそよそしい感じもします。それに、どうもわが子の具体的な姿が見えてきません。「〜ようです」と書かれると、テレビのレポーターのような目線で離れたところから推察している文面です。「〜してくれています」と書かれると、先生と子どもが対等の目線で書かれているような気がします。また、「素晴らしく」とあるけれど、何を丁寧にやったのかよくわかりません。また、どんなこと

に「取り組」んだのかもわかりません。

　この所見の言葉は，まるでテレビのレポーターのような目線で書いているからです。また，立場が対等に感じるのは，先生自身が子どもに対して友達と同じ目線になっているからです。これは，保護者からすれば臨場感のない所見です。これでは「所見はパス」ということになりかねません。

　これに対してBは，子どもの行動を具体的に描写しています。この文面は，教師の目線で書かれています。こちらの所見ならば，保護者も納得して受けとめます。

　先生方の中には，「自分が書いた文章に自信がない。」「一応書いたもののどうもよく書けていない。」「添削されたけど腑に落ちない。」と思う方がいることでしょう。そして，「何とかしてこのような状況を脱出したい。」と思っている方も多いと思います。

　本校の若手教師も同じでした。そこで，定例育成会で通知表の書き方についての研修を行いました。所見の下書きの改善案を考えて模範解答を示すという演習方式の研修です。先生たちからは「書き方のコツがわかった！」と好評でした。そして，先生たちの所見もずいぶん改善されました。

　この研修を基にまとめたのが本書です。所見の文例は，その時に取り上げた所見（下書き）と研究同人及びかつての教え子たちの協力を得て引用しました。私の担任時代の所見もあります。

　本書で所見の書き方のトレーニングをしていただき，多くの先生方に「所見の名手」を目指していただければ嬉しく思います。

　平成25年1月

駒井　隆治

## 目　次

● はじめに

### 第1章
### 通知表提出までの「地獄の1週間」脱出法はこれだ

1　"書くことがない"状況を救うモノ　・9
　　(1)　目立たない子どもの見とり方―「待ちぼうけ」はダメ　・9
　　(2)　取材の資料　・11
　　(3)　観察メモの取り方― ペンと付箋を常備して　・12
　　(4)　見開き2ページの個人記録ノート　・12
2　評価の補助簿活用実例―成績物情報処理法　・14
　　(1)　作文の学習を評価する　・14
　　(2)　書写の学習を評価する　・18
　　(3)　体育の学習を評価する　・20
　　(4)　パソコンに保存　・22
3　評価基準を決める　・23

### 第2章
### 子どもも保護者も納得する書き方トレーニング

1　「学習と生活の記録」の書き方　・26
　　(1)　要約力トレーニング　・26
　　(2)　無駄な言葉を省く　・27

(3)　紋切型の言葉を使わない　・29
　　　(4)　「誰のことを書いているかわかる」文を書く
　　　　　　―25年前の通知表を見直す　・30
2　**所見の書き方トレーニング**　・35
　　　(1)　演習テキスト「所見の書き方の要諦」　・35
　　　(2)　この書き方のどこを直せばよいか？　・39
　　　(3)　価値づけてシメる―所見の文を書くコツ　・41
　　　(4)　実例　担任時代の所見　・42
3　**記述式の学習評価**　・52
　　　(1)　総合的な学習の時間の評価例　・54
　　　(2)　外国語活動の評価例　・56
　　　(3)　生活科の評価例　・57

## 第3章
## 保護者に伝わる所見―セルフチェック法

1　**わかりにくい言葉**　・61
　　　(1)　カタカナ用語・略語　・61
　　　(2)　専門用語　・64
2　**ごまかしの言葉・難解な言葉**　・66
　　　(1)　「～的」　・66
　　　(2)　「～性」　・67
　　　(3)　「漢語」「四字熟語」　・68
3　**重複・くどい言い回し**　・70
　　　(1)　言葉の重複　・70
　　　(2)　くどい言い回し　・71
4　**主語と述語の対応**　・72

5 　言葉の使い方　・73
　　(1)　テン「，」のうち方　・73
　　(2)　演習テキスト「句読点のうち方」　・75
　　(3)　助詞の使い分け　・80
　　(4)　使わない方がよい言葉　・85
　　(5)　修飾の順序　・87
6 　一文中の矛盾　・89
　　(1)　一文が長い　・89
　　(2)　言葉の重複　・91
7 　その言葉遣いは間違っている！―「表記便覧」から拾う　・93
8 　「保護者の目」で読み返す　・97
9 　提出前に見直しを―「一人ブレーンストーミング」　・99
10　添削後の始末をつける　・100

## 第4章
## 「教師目線」で書く所見―さすがプロと言われる勘所

1 　「所見」は一大事　・102
2 　言葉遣いが正しくない所見―「お友達目線」　・103
　　(1)　「～くれています」　・103
　　(2)　「仕事」「働く」　・103
3 　具体性が乏しい所見―「お役所目線」　・104
　　(1)　「取り組む」　・104
　　(2)　「成果」　・104
4 　傍観者のような所見―「レポーター目線」　・105
　　(1)　「～ようです」　・105
　　(2)　「がんばってください」　・105

(3)　「印象的です」・105
5　「教師目線」の所見　・106
6　保護者に伝わる所見を　・107
　　　(1)　長所を書けばよいのか―「リップサービス」は罪　・107
　　　(2)　リズムのある文体　・108
　　　(3)　鋭い，スキのない言葉の選択　・109
7　児童・保護者から信頼される教師の所見の秘密　・110
　　　(1)　「つかみ」がある所見　・110
　　　(2)　「愛」がある言葉遣い　・112
　　　(3)　「意外性」は効果絶大　・114
8　マイナス面をプラス面に変換して伝える　・116

## 第5章　教師の人格が疑われる書き方

1　人権感覚が疑われる書き方　・118
2　保護者に届かない書き方　・119
3　品性に欠ける書き方―「体言止め」　・120
4　「ら抜き言葉」　・122
5　文語調と口語調の混淆　・124
6　俗語・誤用　・125
7　絵文字　・127
8　手柄は子どもに―「秘すれば花なり」　・128

●おわりに

# 第1章 通知表提出までの「地獄の1週間」脱出法はこれだ

「通知表の締め切りまで，あと1週間。それなのにA君，Bさんの所見に書くことがない。何を書いたらよいのか，具体的例が思い浮かばない。」

これでは，「地獄の1週間」である。

どうしたらこの状況から脱出できるか？

報道記者に必要なのは，「取材力」「構成力」「表現力」の3つの力だという。これは，そのまま所見を書く教師にとっても必要な力である。

まず，「地獄の1週間」の脱出法の第一は「取材」である。学習の過程と結果の記録の仕方と保存の仕方がポイントになる。

## 1 "書くことがない"状況を救うモノ

### (1) 目立たない子どもの見とり方─「待ちぼうけ」はダメ

向山洋一氏の所見は，「誰のことを書いているかわかるように書く」というものである。同学年を組んだ板倉弘幸氏は，「この子は○○君，△△さんにちがいない，とわかる記述がいくつかある。」と述べている。(『教え方のプロ・向山洋一全集・40』明治図書)

保護者からは，

「本当にうちの子をよく見てくれている。」

「どの面を気を付けていけばよいか，よくわかった。」

という反応があった，という。これは，保護者の受け止め方としては理想的である。

向山氏がいかに子どもをよく見ているかがわかる。しかし，私は，それだけではないと見る。氏は，日々の実践で子どもを個性的に変容させている。だから，子どもが個性的な行動をする。

そういう点が素晴らしいのである。単に「待ちぼうけ」しているのではない。
一方、「子どもが見える」教えがある。

> 子どもと一緒に掃除をしている教師は、一生懸命やっている子が目につく。掃除を見ているだけの教師には怠けている子が目につく。

ここに、「目立たない子どもの見とり方」のヒントがある。教師の行動の仕方で子どものよい行動を引き出しているのである。これを応用すればよい。
例えば、私は若手の先生たちに、よく次のような話をする。
「叱られることが多い子や目立たない子には、1日3回以上その子に『ありがとう。』と言いなさい。簡単な方法として、先生のお手伝いをさせればよい。『A君、手伝って。』と声をかけて、終わったら『ありがとう。』って、お礼を言うのです。これを毎日やっていると、変わりますよ。」
実際、これは効果がある。「役立っている」というメッセージを送り続けているのと同じである。あげくは、その先生を好きになる。
教師は、子どもの行動を待っているだけで所見のネタが出てくると思っていてはいけない（そういう人が多いが……）。むしろ、子どものよい行動を呼び起こすようにするのである。
教師は、指揮者であり演出家でもある。ほめる機会を意図的に設定するのである。そうすれば、子どものよい行動を書けるのである。
私が3年生を担任した時のM・H子は、静かでおっとりした女の子であった。いわゆる目立たない子である。ただ、この子には、個性があった。
教務手帳には、次のような記録メモが書かれていた。

> ノートがきれい。少し遅い。1年間の振り返りの作文、友達が増えた。一輪車に乗れるようになった。二重跳びができるようになった。総合的な学習の時間では、本が好きでまとめるのが得意。協調的でしっかりとした活動。他の発表をよく聞ける。

これだけメモがあれば、生活面での所見が書ける。
この子自身の自分の振り返りと教師の評価を基に、次のような所見（後述）を書いた。

> この一年で友達も増え、とても朗らかに遊んでいました。このことを今年の自分のニュースのトップに挙げていました。話しかけると、よく反応してユーモアもよく通じるようになりました。外でよく遊ぶようになり、一輪車の乗り方も、縄跳びの二重跳びもうまくなりました。

「どの子にもスポットライトを当てる」ように心がけたつもりだが、それでも書きあぐねることがあった。それを救ったのが観察記録とメモによるデータであった。

## (2) 取材の資料

保護者から見ると、所見欄で「先生の全部」が見えてしまう。それは、教師の教育観であり、知性・教養であり、わが子への接し方や人柄である。これはなかなかシビアに読まれる。

子ども一人一人を日常からよく見ていないと取材できないし、それを適切な言葉を使って表現しなければならない。

以下のような視点を決めて見る、視点をいくつか増やして見る、これらを集めて一定の見解を示す。これが「取材力」である。

「発言内容」
「行動観察」
「計画書の内容」
「学習カード・観察カードの内容」
「紹介ボード等の記述内容」
「ポートフォリオ（自分の記録集を振り返って見る資料）の活用内容」
「作文内容」

このような視点で，観察メモを取る。子どもの行動は，想定外にいきなり表れることもある。観察メモの取り方を決めておくとよい。

### (3) 観察メモの取り方—ペンと付箋を常備して

　教師は，授業中は，子どもたちと向き合っているので，いったん間をおいて観察メモを取ることが多い。ところが，メモを用意して待ち構えた時には何も起こらないことが多い。皮肉なことに，ペンも紙もなく目も手も離せない状況の時に限って記録したいことが起こるものである。

　例えば，校庭で体育のリレーの授業中，A子がチームの子どもたちになかなかよいアドバイスをしていた。授業終了後，職員室に戻って忘れないうちに，すぐにA子の言った言葉をメモする。

---
　　付箋（ポストイット）に常に書き込めるようにしておく。

---

　子どもの言葉が記憶から消えてしまう前に，記録する。そのため，教室にも職員室にも「ペン」と「ポストイット」を常備しておこう。その後，「教務手帳」や「見開きノート」に貼り付ける。これが後で生きてくる。

### (4) 見開き2ページの個人記録ノート

　大学ノートを用意する。児童1名につき見開き2ページ開けておく。左側のページの上部に児童名（ゴム印）を記しておく。「日付」「言動によるメモ」も書き込む。（以下，メモの例）

　メモからピックアップして記録一覧表に書く。（次頁下は，実例）

---
　Y男　3年担任時（平成13年度）のメモから
　5／31　夢中になって活動していた。ていねいにスケッチし関心の高さを見せた。
　6／9　放課後「逆上がりができたよ！」と校庭から職員室に来た。一

緒に鉄棒に行って見たら3回連続できた。握手してほめた。手にマメができていた。4：00頃家に電話して母親に「いっぱいほめてあげてください。」と話した。
7／1 車イス体験で,「車イスでも通れるよう道路を作ればよい。」と発言した。

| 番号 | 名前 | よむ | 遠 | 長 | 作文（書く） |
|---|---|---|---|---|---|
| A ① A | | 90 | 35 | — | A 大豆 |
| B ② A | | 80 | — | 40 | ・大豆 本を借りてきた |
| 3 | | | | | |
| B ④ B | | 80 | 45 | 40 | A 家で調べることが出来た。麦 |
| B ⑤ A | | 60 | 45 | 30 | A 米 |
| A ⑥ | | 60 | 45 | 40 | A 米 自分で図書やインターネットでしらべた |
| C ⑦ C | | 70 | 25 | 0 | A 米（家の人の手伝いが入っている？） |
| B ⑧ B | | 80 | 35 | 30 | A 米 自分の意見をかいた |
| A ⑨ A | | 80 | 10 | 30 | ・米 |
| C ⑩ B | | 70 | 40 | 40 | ・書き方に難有・米 |
| C ⑪ A | | 90 | 35 | 40 | A 大豆 |
| A ⑫ A | | 80 | 40 | — | ・大豆 調べた |
| C 13 A | | 70 | 0 | 30 | ● 大豆 |
| A ⑭ A | | 60 | — | 30 | ・大豆 |
| B ⑮ A | | 60 | — | 30 | ・米 |
| A ⑯ A | | 70 | | | A 米 |
| C ⑰ B | | 80 | 5 | — | B メモをつくりされず 米 |
| B ⑱ A | | 60 | 80 | — | A |
| B ⑲ B | | 80 | — | 40 | A ゆたか図書館で本をかりてきた |
| B ⑳ A | | 80 | | | A 自分で丁寧に調べることができた |
| A ㉑ A | | 80 | | | B 要約に何度もチャレンジした |
| A ㉒ A | | 80 | — | 40 | A 年し 本や資料から調べた |
| A ㉓ B | | 80 | 15 | 50 | ・米 |
| A ㉔ B | | 70 | 25 | 40 | ・自分で調べられるところはできた |
| A ㉕ A | | 70 | 45 | 40 | A 要約が上手／家や学校で調べてくる |
| B ㉖ | | 50 | 30 | 30 | ・ 米大豆 |
| 27 | | | | | |
| 28 | | | | | |
| 29 | | | | | |
| 30 | | | | | |

## 2　評価の補助簿活用実例―成績物情報処理法

　テストの点数などを教務手帳に記録する。
　評価の対象となる実物は，完成後即座に評価する。そして早く返す。掲示する場合も評価した後，掲示する。
　このテスト以外の成績物情報ストック法の一部を紹介する。特に，評価が曖昧になりがちな「技能」に関する3つの教科の例を取り上げて示すことにする。

### (1)　作文の学習を評価する

　作文の「学習」評価は，作文の書き方を指導し，その過程と結果を評価する。
　ある先生は，行事後の作文や自由テーマで作文を書かせ，誤字脱字のチェックをして評価していた。言わば「減点法」で評価していた。これは，児童の「才能」を評価していることになり，「学習」の評価ではない。つまり，指導した内容について，達成したかどうかの評価になっていない。
　学期毎に2～3回ほど作文の書き方を教え，その学習結果を評価する。特に，構成に重点をおいて，次のような評価をしたのである。

---
　作文の構成の仕方を教えて，その達成度を評価する。

---

　以下，作文指導のあらましを，5学年の小作文指導の実際例で示す。400字詰め原稿用紙でいうと，460字の作文である。
　「起承**束**結」の書き方を教えるべきである。世間一般に「起承転結」といわれることがある。これは，漢詩の手法であるので，使わない方がよい。むしろ「**束**」は「たばねる」つまり，具体例を挙げてそれを上位概念の言葉で書く。「転」では困るのである。これならば子どもたちにもできる。
　以下，小作文の指導のあらましである。

## 【小作文指導事例】

① 作文のテーマ　わたしの家族（自分の家族のことについて書かせる。）
② 構成を示す。（行数はめやす。1行の多い少ないは認める。）

> はじめ………3行＝「きっかけ」「動機」について書く。一番最後に全体を考えて書く。
> なか・1……7行＝具体例の1つを書く。気持ちなどは書かないで事実を書く。
> なか・2……7行＝別の具体例を書く。気持ちなどは書かないで事実を書く。
> まとめ………3行＝具体例の2つ（「なか・1」と「なか・2」）を束ねる言葉を書く。
> むすび………3行＝自分の考えを書く。

③ 作文メモ用紙に書かせる。
④ メモ用紙を点検する。なか・1（具体例1）から書かせるのが"ミソ"である。
　「なか・1」→「なか・2」→「まとめ」→「むすび」→「はじめ」の順に，1段階ずつ点検し，合格・やり直しなどと評価して，メモ（どの段落も一文で書く）を進めさせる。
⑤ 合格したら，原稿用紙に書かせる。
　初めての場合には，原稿用紙の上部に上記の構成の言葉を書いた用紙で書かせるとよい。（次頁の作文の原稿用紙を参照）

　この作文指導を行うとほとんど全員がこの構成で書けるようになる。画期的な指導方法である。こういう指導を行って初めて「評価」ができる。
　以下，子どもの作文実例を示す。

私のお母さん

荒井　奈保

## はじめ

うちのお母さんは、すし屋の事務で働いています。荒井奈保の会社にいくと、休んで日働いています。母の仕事はとてもつらくて、大変な仕事なのです。

## なか1

この前、母が早く帰ってきて「おなかがいたくて熱があるの」といったから私はびっくりして台所のことをまかされました。とってもむずかしい仕事です。私は日記を書きながら母は体調をくずした。仕事が大変なんだなと思いました。

## なか2

きのうも手をけがしたから母についてもらって医者に行きました。その時、四時ごろ帰ってきました。母がすーすーねていたので、そっとしておきました。お金をはらうとき、母はすごくつかれていてねてしまったのだと思いました。それから家に帰りました。

うちの母は、こんなにまでいそがしく毎

## まとめ

日働いています。母の会社にいくと、休んでいるひまもなさそうに働いています。

## むすび

私も大人になったら母のように働いて、いっしょうけんめい働いて、こんどは私が母にらくにさせてあげたいです。

この子の評価は「A」とした。以下，根拠を述べる。

5学年でいうと，評価基準は，「『はじめ・なか・まとめ・むすび』という構成で作文を書く。」とする。これを基に，評定結果を書いておく。

---
・構成（「はじめ・なか・まとめ・むすび」の段落で）を考えて書いてある＝B（できる＝達している）
・構成を立て，さらに表現を工夫して書いている＝A（よくできる＝十分に達している）
・基準に達していない＝C（もう少し）
---

この基準以外で評価しない。極端にいえば，誤字脱字や字の上手下手などで減点する評価の仕方をしない。誤字があっても構成ができていれば「達している」と判断する。あくまでも「構成」が作文指導の主眼だからである。

「自分の考えを書く」ことを求めるなら，「むすび」まで書かせる。「これから，私は，……。」と書かせる。

また，評価の対象とする作文は学期に2回か3回とする。書き方について指導して，書かせ，評価する。1回目で基準を達成しなくても2回目か3回目で達成していれば，「できる＝達している」と評価してよい。これで，子どもは書き方を確実に身に付けることができる。

作文の実物を授業中に提出した子から次々に「A，B，C」で評定し，記録する。短いコメントを書き添えてすぐ返す。早く返せば，すぐに自分のでき具合を確かめることができる。合格させ，子どもが作文に自信がもてるようにするのである。

「作文は，後で時間がある時に丁寧に読んで評価しよう」などと考えてはならない。多忙な教師には，そんな時間はない。

学期末になると，職員室で子どもたちの作文を，つらそうに読んでいる先生をよく見かける。一気に読み直して評価しよう，というわけだ。しかし，これでは疲れる。そのような先生に，ぜひこの作文の指導法と評価の実践をお勧めする。

## (2) 書写の学習を評価する

　書写の指導は，年間30時間程度である。これも評価基準を決めて指導し，評価の結果を記録しておく。その日のうちに，掲示する。

　毛筆による書写の指導の目的を要点で示すと，次の通りである。（小学校学習指導要領解説　国語編「書写に関する事項」より　下線は筆者）

> ウ　毛筆を使用して，穂先の動きと点画のつながりを意識して書くこと。

「穂先の動き」と「点画の動き」とは，次のような一体化した指導である。
① 「穂先の動き」は，3・4学年で，横画・縦画や左右の払いなどの点画に即した指導をする。
② 点画から点画へ，文字から文字へと筆が移動する過程に重点をおいて指導する。
③ 穂先の柔軟さを生かして強弱のあるリズミカルな運筆を習得させる。
④ 小筆や筆ペンなどを使って日常的に書くようにする。（近づける。）

　以上，4点をねらって毛筆による書写の指導を行うものである。以下，3学年及び4学年の毛筆書写についての評価規準表及び基準表の例を示す。

| 評価規準・評価基準表（3・4学年） | | | |
|---|---|---|---|
| ○学年（評価規準） | A　よくできる | B　できる | C　もう少し |
| 姿勢・筆の持ち方を正しくしている。<br>(1)　筆使い<br>①　始筆の角度 | ・穂先の向き，始筆から送筆，終筆までスムーズに書いている。<br>・入筆の角度に気を付けている。 | ・穂先の向きに気を付けている。<br>・およそ45°から筆を入れている。 | ・穂先の向きを正しくできない。<br>・入筆の角度に気を付けていない。 |

| | | | |
|---|---|---|---|
| ② 終筆 | ・穂先が常にそろっている。<br>・筆を上げる時，筆の腹にも気を付けている。 | ・筆を上げる時，穂先の方に押し戻している。 | ・穂先が乱れてしまう。 |
| (2) **点画**<br>点画の筆使いに気を付けて文字の形を整えて書くことができる。<br>① とめ<br>② はね<br>③ はらい<br>④ はね<br>⑤ おれ<br>⑥ まがり<br>⑦ そり | ・「はね」「はらい」などでは，角度に気を付けて書くことができる。 | ・点画の筆使いに気を付けて書くことができる。 | ・点画の筆使いがうまくできない。 |

　毛筆書写を年間30時間で指導し，ねらいを達成するのは容易ではない。結果としての文字の形の上手下手を評価するというのではない。むしろ，姿勢・筆の運び・リズミカルな運筆を体得させたいのである。したがって，毛筆指導が苦手な人は，外部の指導者を活用したり，動画を活用したりして，子どもが体得できる工夫をするとよい。
　毛筆による書写では，次のねらいがある。

> 穂先の柔軟さを生かして強弱のあるリズミカルな運筆を習得させる。

　毛筆の指導では，「体得」が最も大切にされるべきである。

《習字作品と評価メモ》

【K子】整った字。「す」の運びよい。

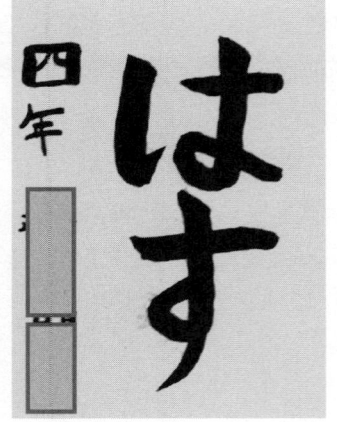

【S子】始筆よい。手本をよく見ている。

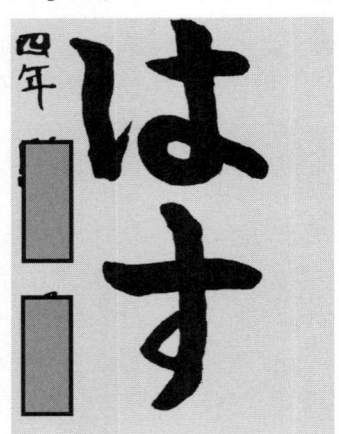

【I子】バランスよい。始筆も終筆もよい。

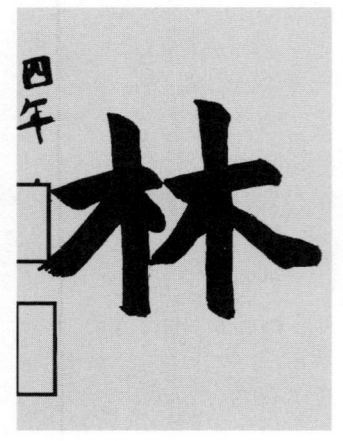

【W子】手本に忠実。

(3) 体育の学習を評価する

　体育の学習評価も「印象」「才能」で評価しがちである。体育も「学習」した結果を評価しなければならない。

まず，絶対に必要なのは根拠である。体育では，学習カードなどを活用した評価をすることが大切である。以下は，向山洋一氏の「なわとび級表」である。

3学年でいうと，10級以上（黄色）がA，15級以上（桃色）がB，16級以下（白色）がCと，評価を明確にすることができる。

## なわとび級表

年　組　名前

| 級 （色） | 技 | まえりょう足とび | まえかけ足とび | まえりょう足あやとび | まえかけ足あやとび | まえりょう足こうさとび | まえかけ足こうさとび | うしろりょう足とび | うしろかけ足とび | うしろりょう足あやとび | うしろかけ足あやとび | うしろりょう足こうさとび | うしろかけ足こうさとび | 二じゅうとび |
|---|---|---|---|---|---|---|---|---|---|---|---|---|---|---|
| 20級 | 白1 | 10 | 10 | | | | | 2 | 2 | | | | | |
| 19級 | 白2 | 20 | 20 | 1 | | | | 5 | 5 | 1 | | | | |
| 18級 | 白3 | 30 | 30 | 2 | 1 | | | 10 | 10 | 2 | 1 | | | |
| 17級 | 白4 | 40 | 40 | 5 | 2 | | | 20 | 20 | 5 | 2 | | | |
| 16級 | 白5 | 50 | 50 | 10 | 5 | 1 | | 30 | 30 | 10 | 5 | | | |
| 15級 | 桃1 | 60 | 60 | 20 | 10 | 2 | 1 | 40 | 40 | 20 | 10 | | | |
| 14級 | 桃2 | 70 | 70 | 30 | 20 | 3 | 2 | 50 | 50 | 30 | 20 | 1 | | |
| 13級 | 桃3 | 80 | 80 | 40 | 30 | 4 | 3 | 60 | 60 | 40 | 30 | 2 | 1 | |
| 12級 | 桃4 | 90 | 90 | 50 | 40 | 6 | 4 | 70 | 70 | 50 | 40 | 3 | 2 | |
| 11級 | 桃5 | 100 | 100 | 60 | 50 | 8 | 6 | 80 | 80 | 60 | 50 | 5 | 3 | |
| 10級 | 黄1 | 110 | 110 | 70 | 60 | 10 | 8 | 90 | 90 | 70 | 60 | 10 | 5 | 1 |
| 9級 | 黄2 | 120 | 120 | 80 | 70 | 15 | 10 | 100 | 100 | 80 | 70 | 15 | 10 | 2 |
| 8級 | 黄3 | 130 | 130 | 90 | 80 | 20 | 15 | 110 | 110 | 90 | 80 | 20 | 15 | 3 |
| 7級 | 黄4 | 140 | 140 | 100 | 90 | 25 | 20 | 120 | 120 | 100 | 90 | 25 | 20 | 4 |
| 6級 | 黄5 | 150 | 150 | 110 | 100 | 30 | 25 | 130 | 130 | 110 | 100 | 30 | 25 | 5 |
| 5級 | オレンジ1 | 160 | 160 | 120 | 110 | 35 | 30 | 140 | 140 | 120 | 110 | 35 | 30 | 6 |
| 4級 | オレンジ2 | 170 | 170 | 130 | 120 | 40 | 35 | 150 | 150 | 130 | 120 | 40 | 35 | 8 |
| 3級 | オレンジ3 | 180 | 180 | 140 | 130 | 45 | 40 | 160 | 160 | 140 | 130 | 45 | 40 | 10 |
| 2級 | オレンジ4 | 190 | 190 | 150 | 140 | 50 | 45 | 170 | 170 | 150 | 140 | 50 | 45 | 12 |
| 1級 | オレンジ5 | 200 | 200 | | 150 | | 50 | 180 | 180 | | 150 | | 50 | 15 |

できたらマスに色をぬりましょう。

## (4) パソコンに保存

　私の学校では，パソコンで作った通知表を印刷して配付している。

　パソコンに情報を入力してストックする方法が有効である。何度も簡単に書き直せるし，上書きもできる。印刷して，早めに添削を受ければ出来上がりである。

　ある学校の先生は５月末の運動会が終わった時点で，子どもの運動会での取り組みを入力した，という。だから，間際に「書くことがない」と所見に困ることはないそうだ。

　以下の点を心がけている，という。

---

　　**キーワードを打ち込む。**

---

　これは，パソコン通知表の長所を活用している最新の例である。

### 《パソコンに入力するキーワード例》

　　３学期　　　３学年

| 番号 | 児童名 | 生活・学習メモ |
|---|---|---|
| 1 | A・Y | 発言多い。反応が早すぎるほど。 |
| 2 | I・T | 社会科見学　S区の昔のこといろいろ調べた。 |
| 3 | I・A | 社会科見学楽しんだ。クラブ活動に興味。 |
| 4 | I・E | 友達とよく遊ぶ。計算速くなる。腕支持後転できた。 |
| 5 | I・R | 漢字テスト全部満点。二重跳びできた。 |
| 6 | I・S | 社交的。困っていると助ける。身の回り整理しない。 |
| 7 | O・J | 連続二重跳び11回。腕支持後転。漢字テスト満点多く。 |
| 8 | K・R | 漢字テスト悪い点なくなる。読書増。作文応募，佳作。 |
| 9 | K・H | 一輪車乗れた！　あや跳びできた。跳び箱跳べた。 |
| 10 | K・G | 字が上手になる。理科・社会で調べ，発言ユニーク。 |
| 11 | K・M | 家の仕事をよく手伝う。グループをよくリードする。 |
| 12 | K・Y | 友達増える。跳び箱よいフォームでできた。 |
| 13 | S・Y | 台上前転うまくできた。読書量増えた。PC上手に。 |

| 14 | S・K | 3分間走疲れずできた。丁寧な文字。満点多かった。 |
| 15 | S・Y | 磁石が折れたらどうなるか？　問題提起。 |
| 16 | T・I | 盲導犬読書感想文入選。逆上がり，腕支持後転，連続二重跳び。 |
| 17 | T・T | PC巧みに名刺・スイミーの絵。リレー選手。25m泳げた。 |
| 18 | T・M | 逆上がりできたことを作文に。佳作。二重跳びもできた。 |
| 19 | T・Y | 「ちいちゃんのかげおくり」10枚書いた。お礼の言葉遣い。 |
| 20 | N・Y | 漢字進歩。作文もかけるように。提出物忘れはある。 |

（以下，略）

　これは，キーワードだけの記録だが，所見の根拠になる。PCに入力して，学期末に文として書く時に，好都合である。特に，パソコンで作成する通知表には，時間の短縮になるし添削も容易である。有効に活用するとよい。

## 3　評価基準を決める

　学習指導要領を基に「評価基準」を決める。学年で作成し，学期末の保護者会で配付し説明する。

　以下，実際に使った3学年の「評価基準表」を示す。

　これを作成すれば，指導の達成度が明確になり，単元の指導過程や結果で評価することができる。

| | | 3年の学習の記録　1学期　評価基準 | | |
|---|---|---|---|---|
| 教科 | 学習の内容 | よくできる(十分に達成) | できる(概ね達成) | もう少し |
| 国語 | 話の中心に気を付けて聞き，順序よく話す。 | 正確に聞き取り，工夫してわかりやすく話す。 | 話の要点をとらえて聞き，順序よく話す。 | 左の基準に達しない。 |
| | 「はじめ・なか・おわり」という構成で作文を書く。 | 構成を立て，表現を工夫して書く。 | 構成を立てて書く。 | 左の基準に達しない。 |
| | 内容の中心をとらえ，文章を読み取る。 | 極めて正確に読み取る。(標準テスト95点以上) | 概ね正確に読み取る。(標準テスト80点以上) | 左の基準に達しない。 |
| | 文字や言葉を正しく使う。 | 極めて正確である。(テスト95点以上) | 概ね正確である。(テスト80点以上) | 左の基準に達しない。 |

| | | | | |
|---|---|---|---|---|
| | 文字の組み立てに注意して，文字の形を整えて書く。 | 組み立ても形も整った文字が書ける。 | 概ね形の整った文字が書ける。 | 左の基準に達しない。 |
| 社会 | 地域の公共施設について調べたりまとめたりする。 | 極めて正確にわかり（90点以上）意欲的に活動した。 | 概ねわかり（80点以上），活動した。 | 左の基準に達しない。 |
| 社会 | 地域の商店街とわたしたちの生活とのかかわりがわかる。 | 極めて正確にわかり（90点以上）意欲的に活動した。 | 概ねわかり（80点以上），活動した。 | 左の基準に達しない。 |
| 算数 | かけ算やわり算の計算をし，問題を解く。 | 標準テスト95点以上。 | 概ねわかる。（80点以上） | 左の基準に達しない。 |
| 算数 | 表やグラフをよんだり，表したりする。 | 標準テスト95点以上。 | 概ねわかる。（80点以上） | 左の基準に達しない。 |
| 算数 | 長さについてわかり，測定する。 | 標準テスト95点以上。 | 概ねわかる。（80点以上） | 左の基準に達しない。 |
| 算数 | 円と球についてわかり，図をかく。 | 標準テスト95点以上。 | 概ねわかる。（80点以上） | 左の基準に達しない。 |
| 理科 | 植物の成長のきまりやつくりについて調べる。 | 極めて正確にわかり（90点以上）意欲的に活動した。 | 概ねわかり（80点以上），正しく観察した。 | 左の基準に達しない。 |
| 理科 | 昆虫の成長のきまりについてわかる。 | 極めて正確にわかり（90点以上）意欲的に活動した。 | 概ねわかり（80点以上），正しく観察した。 | 左の基準に達しない。 |
| 音楽 | 歌詞や曲想にふさわしく表現を工夫して歌う。 | ハ長調の曲を，表現豊かに歌うことができる。 | ハ長調の曲を，歌うことができる。 | 左の基準に達しない。 |
| 音楽 | 楽器の音や伴奏を聴いて音を合わせて演奏する。 | 音や伴奏に気を付けて正しく演奏することができる。 | 正しく演奏することができる。 | 左の基準に達しない。 |
| 図工 | 造形遊びや表したいことを考える活動をして作品を作る。 | 形や色，材料などの特徴を生かして作品を作ることができる。 | 形や色，材料などを使って作品を作ることができる。 | 左の基準に達しない。 |
| 図工 | 身近な作品鑑賞をして，そのよさを感じ取る。 | 表し方や材料による作品のよさや面白さがわかる。 | 表し方や材料による感じの違いがわかる。 | 左の基準に達しない。 |

| 体育 | 全力でリレーやハードル走をする。 | 極めて速く、巧みに走る。 | リズミカルに走る。 | 左の基準に達しない。 |
|---|---|---|---|---|
| | めあてをもって鉄棒運動をする。 | 後方支持回転を取り入れた組み合わせ技ができる。 | 逆上がりと組み合わせた技ができる。 | 左の基準に達しない。 |
| | 協力してボールゲームをする。 | チームの中で特に積極的にプレーする。 | チームで協力してプレーする。 | 左の基準に達しない。 |

　これを基準にした評価は大変やりやすかった。これを決めておかないと、曖昧な評価をすることになる。同じ学年にもかかわらず評価が極端に異なってしまう。

　これは、毎学期早々に学習指導要領と各教科の解説編をよく調べて、学年の達成基準を明確にして決めることが大切である。そうすれば、評価の時期に楽になる。

# 第2章 子どもも保護者も納得する書き方トレーニング

所見の書き方トレーニングの目的は，ただ一つである。

> 読む側（保護者）にとってわかりやすい文章を書くこと

これだけである。

文章をわかりやすくすることは，「技術」の問題である。だから，学習も伝達も可能である。ここでは，教師にとって必要なその技術・書き方のトレーニング方法を示す。

私たちは，読む側すなわち保護者にとってわかりやすい所見を書く，という意識が弱い。私たちは，これまで日本語で聞き，話し，書き，考えてきた。つまり，困ったことがない。ここが，私どものウイークポイントと心得よう。「わかりやすい文章を書く」ことについて，考えたい。

以下，保護者にわかりやすい文章にするためのトレーニング方法を示す。

## 1 「学習と生活の記録」の書き方

### (1) 要約力トレーニング

書き方のトレーニングの1つ目は，要約力である。

要約力は読解力と関連する力である。国語の長文読解という文章の切抜き問題がある。それは，入学試験で必ず出題される。しかし，この過去問題や類似問題を何度やっても本当の意味での要約力も読解力もつかない。これは，書くプロである国語学者の大野晋氏[※1]元朝日新聞の本多勝一氏[※2]も認知工学の水島醉氏[※3]も指摘するところである。どの方も，文章の要約が読解力をつける方法だという。

NHKの報道記者だった池上彰氏の論はわかりやすい。氏は，その経験から新聞のコラムの要約を勧めている。

（池上彰著『伝える力』PHP研究所，2007年）

　日本経済新聞「春秋」，朝日新聞「天声人語」，讀賣新聞「編集手帳」，毎日新聞「余録」のコラムをおよそ半分に要約するというものである。「天声人語」は，およそ630字。これを300字ほどに書き直す，という。プロは，このようにして要約力をつける。

---

**新聞のコラムを，半分に要約する。**

---

　プロによる要約力をつける秘訣である。私もやってみて効果があると思った。プロを目指す教師にはぜひチャレンジしていただきたい。
　（※1　大野晋『日本語練習帳』岩波新書，1999年）
　（※2　本多勝一『日本語の作文技術』朝日文庫，1982年）
　（※3　水島醉『国語力のある子どもに育てる3つのルールと3つの方法』ディスカヴァー・トゥエンティワン，2008年）
　以下，演習方式で書き方のトレーニング方法を示す。

## (2)　無駄な言葉を省く

　都内のある学校で学年主任をしているT先生は，初任者の所見を一読して全く言わんとしている内容が不明だった，という。そこで，「これは，一体どういうことを言いたいの？」と訊いたそうだ。初任者の答えを聞いて，「では，こう書けば。」とキーワードを示す，という。このやり方の方が，書き直してやるよりもずっと手っ取り早いとのことである。
　一言でいうと，どうなのか？　これこそ「要約」である。その力をつけるには，どうしたらよいか？
　研修で扱った以下の設問で考えてみていただきたい。

◇次の文には，余計な言葉がある。この文例を読んで，書き改めよ。

> 　5年生から始まった委員会では，保健委員会として，「歯のポスター」を描き，市で最優秀賞に選ばれ，クラスの仲間から羨ましがられていました。すべての教科において丁寧にノートをとることを心がけ，定規を使い，見やすくきっちり書いているところがすばらしいです。

⬇

> ────────────────────
> ────────────────────
> ────────────────────

保護者にとって不要の余計な言葉が多い。

> ~~5年生から始まった委員会では，~~保健委員会として　⇒保健委員会として

委員会活動が5学年から始まるのは，保護者も知っていることである。この部分は，削除する。

> ~~クラスの仲間から羨ましがられていました。~~　⇒クラス中から賞賛されました。

この子は，自宅に持ち帰ってポスターを描くなど努力した結果，受賞したのである。努力を讃える意味合いの表現をした方がよい。

> ~~すべての教科において~~　⇒どの教科でも

特に「〜において」という言葉は，文語体のような言葉遣いである。できるだけ現代語の言葉遣いをした方がよい。この種の言葉遣いは，下の文例のようにしばしば目にする。

「心~~より~~感謝申し上げます。」⇒「心<u>から</u>感謝申し上げます。」

~~定規を使い，見やすくきっちり書いているところが~~ ⇒（削除）

これらの無駄な言葉を削除して，書き改めると次のようになる。

　保健委員会として，市の「歯のポスター」展に応募し，最優秀賞に選ばれました。その努力に対して，クラス中から賞賛されました。どの教科でも，見やすく丁寧なノートづくりを心がけていることもすばらしいところです。

改まった点は，以下の通りである。
文字数　　124字⇒101字
文の数　　2文⇒3文
これで，もう一言，メッセージを送るスペースも生まれたことになる。

## (3) 紋切型の表現を使わない

紋切型あるいは常套語（じょうとうご）によって通念化してしまう所見が見られる。子どもの個性も埋没してしまうので使わないように勧める。
　紋切型とは，手垢のついた古臭い言葉遣いのことである。
「ガックリと肩を落とす」
「嬉しい悲鳴を上げる」
「穴のあくほど見つめる」
「涙をポロポロ流す」
「鉛筆をなめなめ」

テレビのニュースや新聞では，これがたくさんある。
「白鵬は，横綱の意地を見せました。」
「うだるような暑さの一日でした。」
「道行く人は，悲惨な事故現場に顔をそむけていました。」
「この商品の売れ行きに商店主はえびす顔でした。」 などなど。
　このようなありふれた通念化された言葉が紋切型である。次の下書きの「縁の下の力持ち」もこれに入る。(下線は筆者)

> 　周りのことによく気が付く４年３組のクラスの<u>縁の下の力持ち</u>でした。

　このコメントは何がどうなので「他人のために陰で苦労，努力」したのか不明であった。
　この安易な常套語によって，教師は思考停止に陥る。その結果，子どもの行動の本質を見逃すことになるから怖い。用いるべきではない言葉である。改善案を以下に示す。

> 　周りの状況によく気が付き，クラスのために面倒なことでも買って出て，行動していました。学級では貴重な存在です。

　このように改めれば，この子の行動内容がより具体的になる。

### (4) 「誰のことを書いているかわかる」文を書く―25年前の通知表を見直す
　向山氏は，新卒時代の所見の下書きを示して，こう述懐している。

> 　具体的に述べていたと思う。
> 　誰にでも通用する言葉を書かなかったつもりだ。
> 　その子だけに，あてはまる内容を書いていたと思う。
> 　私は，たとえば，「国語が優秀です。計算を努力して下さい」という

ような他の子にも通用する書き方は避けてきた。

向山氏の所見の一部を引用する。（前掲『教え方のプロ・向山洋一全集・40』）

| 一学期 | 何よりも人を魅了する底抜けの明るさ暖かさが光ります。まわりにいる人を包み込んでしまうような人間としてのすばらしさを持っています。勉強もがんばればできる子ですが、ちょっとやっただけで投げてしまうような所があって残念です。 |
| --- | --- |
| 二学期 | 優しい人柄、人を包み込むような暖かさ、みんなの人気者です。友人も多く、楽しく学校生活をすごしています。勉強も努力している様子がうかがえます。一学期とったようなひどい成績は脱出しました。しかし、もう一歩の努力が算数の練習やノートづくりに必要と思います。 |

　この子の明るく朗らかで、お茶目な性格行動が窺える。だけど、勉強になるとあまり根気強さがなく努力しないタイプのようだ。「一学期とったようなひどい成績は脱出しました。」というところは、向山氏らしい書きぶりである。読む保護者が心温まるメッセージを読んだその次に、課題を示す点も優れている所見である。

　最近、25・26年前に5年・6年と持ち上がった教え子のクラス会に出席した。37歳、みんな立派な大人になっていた。そして、当時の通知表を探し出してコピーを持ってきてくれた。私の手書きの所見に久々に赤面しつつ再会した。

　とても言葉を選んで書いたとは思えない文面であるが、以下、実例と改善案を示す。

《K子　5年1学期》【26年前】　　　　　　　　【今なら】

| 力はありながら発言は控えめなのが惜しまれます。活発に運動し，スカッとした性格が長所です。 | ⇨ | 自分の考えをしっかりもって慎重に発言します。日頃から運動を好み，スカッとした性格で元気いっぱいに遊んでいます。 |

《K子　5年2学期》【26年前】　　　　　　　　【今なら】

| 日誌の文章はしだいにさえてきました。内面には，温かいものがあります。学習ではよく努力しぐんと力をつけました。 | ⇨ | 日誌を書き続けることで表現力がついてきました。しっかりとした文体で温かい心が伝わります。この丁寧な学び方が強味です。 |

《K子　5年3学期》【26年前】　　　　　　　　【今なら】

| 書初め展銅賞。マラソン大会4位入賞。給食委員会では最後まで責任をもって活動できました。何事にもファイトがあっていいです。50mハードルではいいフォームで走れました。 | ⇨ | 書初め展銅賞，マラソン大会4位。50m障害走ではよいフォームで疾走しました。何事にもファイトをもって活動をします。給食委員長として，責任をもって活動できました。 |

　K子は，現在，著名企業の秘書である。学校代表のリレーの選手だった。息せき切って元気いっぱいに駆け回っていた。キャリアウーマンとして活躍中の今を彷彿とさせる姿があった。

第2章 子どもも保護者も納得する書き方トレーニング　33

《M男　5年1学期》【26年前】　　　　　　　　　【今なら】

　作業が少し雑なところがあって，一つのことをまとめきれないことがありました。意見を述べ，公平な考え方も出てきているのは長所です。

⇒

　学級会議で議論になると誰にも公平な意見を述べ，認められました。ただ，書いてまとめる活動では，途中で止めてしまうところがあり，今後この点を克服できるようにしたいです。

《M男　5年2学期》【26年前】　　　　　　　　　【今なら】

　運動会の応援団長に立候補して盛り上げました。文章をじっくり目で追うことができず，中途半端な学習が目立ちました。落ち着いてじっくり取り組めるようにしたいと思います。

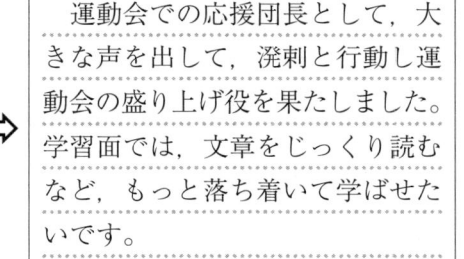

⇒

　運動会での応援団長として，大きな声を出して，溌剌と行動し運動会の盛り上げ役を果たしました。学習面では，文章をじっくり読むなど，もっと落ち着いて学ばせたいです。

《M男　5年3学期》【26年前】　　　　　　　　　【今なら】

　図書委員会では，よく発言し，協力的だと聞いています。心をこめて何かをやりとげるということが今後の課題です。

⇒

　問題に対して，常に前向きに考え，協力的です。図書委員会でも，よく発言し貢献しました。丁寧さが加わると一層実力がつきます。

　M男は，現在，保育士の傍ら東京都H市の民生委員をしている。学校と関係が深い活動をしていることが嬉しい。いかにも子どもらしい活発な子だった。授業中発問すると，思ったことをすぐ応じようとする。今の姿を見ると，

このような積極面をもっと表現したかった。

《H子　6年1学期》【25年前】　　　　　　　　【今なら】

| １つの目標に向かってがんばる姿がよく見受けられます。新聞係のときは喜んで活動していました。 | ⇒ | 目標を掲げて，それを日々の努力によって実現しました。新聞係として友達と楽しそうに活動し，出来栄えもよいものでした。 |

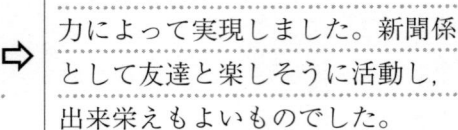

《H子　6年2学期》【25年前】　　　　　　　　【今なら】

| 運動会では赤組のリレーの選手として力走しました。いつでも明るく，積極的に課題を解決しようとしています。 | ⇒ | 運動会では，赤組のリレーの選手として力走しました。困っている友達がいると声を掛け，一緒に解決しようとしていました。 |

《H子　6年3学期》【25年前】　　　　　　　　【今なら】

| 卒業おめでとう。何事も友達といっしょになってつくり上げることができました。明朗な性格でこれからも伸びるでしょう。 | ⇒ | 学級会の活動では，友達と一緒になってよい企画をつくり上げました。朗らかで，今後も伸びていく可能性がたくさんあります。 |

　H子は，N航空会社国際線の客室乗務員になった。ともかく前向きで努力家，友達にも笑顔で優しく接していた。夢を叶える素質をすべてもっていた。そんな面を表現したかった。

　以上，私の30代（25,6年前）の所見と改善案である。あまりに疎かで恥ずかしい限りである。

そうなった原因は何か？
・「観察メモ」の記録をしなかったためか，具体的に述べていない。
・１つ２つの例で無理に述べようとしている。
・個々の子どもたちの素晴らしさを表現しきれていない。
　立派になった教え子たちに申し訳なく思うばかりである。
　その頃から少したってから，別の学校の再任用の60歳代の女のベテラン先生に，「先生，ちょっと通知表を見せてください。」と言われて見せたことがあった。
　５分ほどたって，「先生の通知表は，何か記録しておいて書いたものではないですね。」と笑顔で指摘された。図星であった。印象と思いつきで書いた所見であった。わかる人には，わかる。見える人には，見えるのである。
　今なら，私もわかるし見えるが……。

　次の向山氏の通知表の所見は，書き方の理想である。（前掲書）

> ①　誰にでも通用する言葉を書かなかった。
> ②　その子だけに，あてはまる内容を書いていた。

　しかし，誰でもできるわけではない。このような書き方ができるまで修業がいる。
　語彙の豊富さと要約力が必要である。いや，それ以上に向山氏は「子どもの評価に対する熱意」がある。つまり，知性と熱意の密度と濃度が違うのである。
　私たちには，「書き方のトレーニング」が必要である。

## ２　所見の書き方トレーニング

### (1)　演習テキスト「所見の書き方の要諦」

　これは，実際に行った研修会の内容である。例文も下書き段階のものである。

# 所見の書き方の要諦

大山小学校

1 次の文について考えます。

　2学期の通知表に書かれた文である。この文についてどう思いましたか。考えてください。

> A　社会科見学でまとめたことをしおりにいっぱいメモし埋立処分場の様子を中心に資料を活用して丁寧に新聞にまとめることができました。

〈考え〉

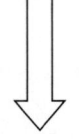

下欄に代案を書いてください。

|  |
|  |

【観点】
① 自分に合った課題を見付けることができる。＝**課題発見力**
② 課題を追究し，解決できる。＝**課題の追究力・解決力**
③ まとめたり，発表したりすることができる。＝**まとめる力・発表力**
④ 人とよりよく関わろうとすることができる。＝**かかわる力**

## 2 次の文について考えます。

これも2学期の通知表の「**外国語活動**」の欄に書かれた文である。この文についてどう思いましたか。考えてください。

> B　大きな声でスピーチを行い，リスニングでは単語の数も増え，簡単な会話をすることができ，よい成果をあげました。

〈考え〉

## 3 文の書き方の要諦

その1　一文を短く書く。
その2　一文一義とする。（一つの文には，一つの意味を書く。）
その3　ズバリ述べる。（ぐだぐだ，ダラダラ書かない。）
その4　ズバリ述べた後に，根拠を述べる。
その5　概念の上下を明確に意識して述べる。

　　　A　「…メモし」「…活用して」という言葉を並列して述べている。しかし，「活用」は上の概念である。「埋立処分場のしおりのデータを<u>使って</u>」とすれば，並列できる。「社会科見学」は「埋立処分場の様子」より上の概念であり，並列できない。

その6　適切な言葉遣いをする。
　　　　Ⓑ　「よい成果をあげました」の「成果」という言葉遣いの通りの事実があるのか？「成果」とは，一定の期間にあることを続けて行って得られたよい結果である。
　　　　　もう一つは，外国語活動の趣旨に合った評価の所見になっていないという問題がある。「スピーチ」の活動を本当に実施したのか疑問である。
その7　評価の観点に基づいた記述をする。
　　　　Ⓐは，どの観点で評価したのか不明である。
その8　子どもの行動・活動を描写して，評価の言葉を書く。
　　　　《例》　理科の「じしゃくにつけよう」の学習の時，自由に磁石を使わせたところ，「じしゃくがおれたら，どうなるか」という疑問を思いつきました。それが，学級全体の学習課題になりました。物事や現象に関心をもっていて，自分で考えることが大好きです。こういう面が伸ばしたいところです。

## 4　解答例

Ⓐ　社会科見学で，見聞したことをたくさんメモしてきました。特に埋立処分場の資料を使って，新聞にきれいにまとめることができました。情報を収集，整理してまとめる力があります。

Ⓑ　英語を使って会話やゲームで楽しそうに学習していました。大きな声を出して活動したので，単語をよく覚え，英語に慣れ親しんでいました。

以上，参考にして，よい所見を書くように努力してください。
【注】　以前に渡した「通知表について」の文書を読み直してしっかり守ってください。

この文書は，育成会で指導した内容である。しかしながら，その後，所見の文に見違えるような変化はなかった。どこが，なぜ，ダメなのか，よく理解できなかったのであろう。より丁寧に解説が必要だった。以下，補足しておく。

(2) この書き方のどこを直せばよいか？
　Ａの文の問題点と改善策を挙げる。

> Ａ　社会科見学でまとめたことをしおりにいっぱいメモし埋立処分場の様子を中心に資料を活用して丁寧に新聞にまとめることができました。

### ①　一文を短くする
　一文が何と61文字もある。読点もなく，一遍で意味がわからないのである。これは，400字詰め原稿用紙にすると，4行目まで使う分量である。読み手に意味が伝わらなくなる。
### ②　一文一義とする
　長い一文の中に，3つの要素が混ざり込んでいる。
　「いっぱいメモした。」「資料を活用した。」「丁寧にまとめた。」
　この3つの要素を，それぞれ1つの文にして，3つの文で表記するとよい。
### ③　概念の上下を正しくする
　一文の中に，言葉の範疇が異なるものが並列して使われている。
　この文でいうと，「社会科見学でまとめたこと」を「新聞にまとめることができました」となっている。まったくおかしな文である。
　正しくは，「社会科見学で得た情報」を「新聞にまとめることができました」であろう。
　また，「メモし」「活用して」とある。概念の上下がおかしい。「活用」したのは，「資料」であって，「メモ」ではないと受け取れる。「活用」とは，機能や知識を生かして用いるという意味である。正しくは，「社会科見学で

見聞したメモや資料を活用してまとめることができました。」であろう。

下書きに沿って直せば，以下のようになる。

> 　社会科見学で，見聞したことをたくさんメモしてきました。特に埋立処分場の資料を使って，新聞にきれいにまとめることができました。情報を収集，整理してまとめる力があります。

次に，Bの文の問題点と改善策を挙げる。これは，外国語活動の評価である。

> B　大きな声でスピーチを行い，リスニングでは単語の数も増え，簡単な会話をすることができ，よい成果をあげました。

### ①　適切な言葉遣いをする

「成果」とは，「あることを長く続けて行って得られたよい結果」を指す。本当は，その根拠は何もなかった。スピーチもリスニングも特に行っておらず，調査もしていなかった。印象だけで述べた大げさな文だった。

### ②　子どもの活動・行動を描写する

子どもの姿が見えない。「大きな声」を出すことだけはわかった。描写がないから説得力がないのである。

### ③　観点に基づいた評価をする

観点が不明なので「よい成果をあげた」という言葉が空虚になる。

下書きに沿って直せば，以下のようになる。

> 　英語を使って会話やゲームで楽しそうに学習していました。大きな声を出して活動したので，単語をよく覚え，英語に慣れ親しむことができました。

## (3) 価値づけてシメる―所見の文を書くコツ

　保護者には、「臨場感」を感じて読んでもらいたい。それは、子どもの行動の様子を文で描写できるかどうかにかかっている。

　しかし、描写だけでは、所見としては不十分である。描写した後に、価値づける言葉を書いて文を締めくくるとよい。

　次のようなイメージが、所見の文を書くコツである。

---
　　描写文(a1)＋描写文(a2)＋描写文(a3)→価値づけの文(A)

---

---
　　描写文(a1)＋描写文(a2)→価値づけの文(A)

---

　上の枠では描写文を３つ並べてあるが、下の枠のように描写文は２つでもよい。

　２，３の事実（行動）を挙げて、その事実を束ねる。すなわち、価値づけて文を結ぶ。これで、知的な所見ができる。

　描写文だけの所見の例と価値づけの文のある所見で比べてみよう。

　まず、「描写」だけの文を示す。（(a1)(a2)は、筆者）

> 　国語では、メモをしっかり作って練習もしっかりやってスピーチができました（a1）。休み時間になると、友達と一緒に外に出て元気よく遊んでいました（a2）。

　この文は、子どもの行動の２つの描写の文a1とa2でできている。保護者からすれば「だから何なのだろう？」と思う。価値づける文Aが欠けているからである。

　価値づける文Aを入れた改善案を示す。（(a1)(a2)(A)は、筆者）

> 　国語では，メモをしっかり作って練習もしっかりやってスピーチができました（a1）。休み時間になると，友達と一緒に外に出て元気よく遊んでいました（a2）。授業時間は集中し，遊び時間は夢中になって遊べるという切り替えができるところが長所です(A)。

　これで，おわかりいただけよう。価値づける言葉で締めくくると文が締まるのである。
　　描写文(a1)＋描写文(a2)＋……→価値づけの文(A)
　このような型に即して書くと締まった所見になる。

　以上のような書き方ならば，保護者にわが子の行動について，臨場感が伝わるとともに教師の評価がはっきりわかる所見になるであろう。

### (4) 実例　担任時代の所見

　以下，11年前に担任した3年生34名，3学期の所見を再録する。（右は，自評。◎はよい面，▼は改善したい面。）

> 　1年間を通して学習中の発言が多かったです。以前に比べ，問いに合った受け答えができるようになり，発言の内容に進歩が見られました。頼まれたことを進んでやり，みんなのために役に立ちました。友達とは，活発に遊び十分に楽しんでいました。

(1)　ＹＡ男
　▼もっと具体性がほしい。

> 　1月の社会科見学が昔の暮らしや道具について見たり聞いたりするものであったため，大変興味深く学習していました。楽しそうにいろいろ調べて工夫

(2)　ＴＩ男
　▼最初の一文が長すぎる。

第2章　子どもも保護者も納得する書き方トレーニング　43

> してまとめることができました。また，友達をよく誘って元気に遊んでいました。漢字の練習をがんばり満点が多くなりました。

> 　今学期は，友達と外で元気に遊ぶことが多くなりました。嬉しいとジャンプして喜びを表現する亜紀さんのよいところをより多くの友達に広げて，遊ぶ友達を増やすように指導してきました。学習面では，ノートに書く文字も大きくていねいに書くので，ミスが少なくなり進歩しました。

(3) ＡＩ子（亜紀は仮名）
　◎喜びの描写はその子らしさが出ていてよい。
　▼第2文が長すぎるか。

> 　遊び時間には，友達と元気いっぱいに遊んでとても楽しそうにしていました。学習中の発言は少ないのですが，よく考えを黒板に書いて発表しました。計算が素早くできるようになり，めきめきと力をつけてきています。連続二重跳びも鉄棒の後方支持回転もできるようになりました。

(4) ＥＩ子
　▼個性をもっと伝えたい。

> 　いつも朗らかに友達と楽しく学習したり遊んだりしていました。放課後には，1年生の妹も仲間に入れて，楽しそうに遊んでいました。運動面でも，よく新しい技にチャレンジして縄跳びの「連続二重跳び」ができるようになり，ラインサッカーのゲームでしばしば得点しました。

(5) ＲＩ子
　◎具体性があり，誰のことかわかる。

> 　社交的で，一年中いつもにぎやかにしていました。友達が困っているとよく助けていました。ただ，自分の身の回りの整理整頓をやらないことがまだ多いので今後改めるようにさせたいです。学習面では，算数の学習も国語の漢字の練習もがんばってやるようになり，ぐんと伸びました。

(6) ＳＩ男
　◎誰のことかわかる。
　▼さらに具体性がほしい。

> 　漢字のテストで満点を取ることが多くなったり，縄跳びで「二重跳び」が11回もできるようになり，後方支持回転もできるようになり，よくチャレンジした一年でした。友達とも仲良く元気に遊んでいました。ラインサッカーでは，よいパスを出して得点につなげていました。

(7) ＪＯ男
　◎事例の描写を「チャレンジした」につなげている。

> 　2学期に書いた短作文が作文集『〇〇〇〇』の佳作となり，名前が掲載されました。日頃からゆっくりしたペースで行動しており，じっくり論理的に考えることができます。ただ，着替えなどに時間がかかりすぎることがあるので，素早く行動できるよう努力させたいです。

(8) ＲＫ子

（『〇〇〇〇』は文集の名）

> 　この一年間，いつもにこにこ楽しそうにしていました。休み時間になると，友達とも元気に遊んでいました。一輪車に乗れるようになり，縄跳びで「あ

(9) ＨＫ子

> や跳び」もできるようになり，体育の跳び箱もできるようになり，運動面でも自信を深めることができました。

> 　この一年間で，新しい友達も増やして楽しく過ごせました。跳び箱運動もよいフォームで上手にできました。漢字の学習もどんどん進んでやり，満点を取ることが多かったです。どの学習もよくできますが，少し字を崩して書いてしまうので直すように指導してきました。

(10) ＧＫ男
▼もっと具体性がほしい。

> 　学級での当番や係の活動を，てきぱきとこなします。一年中活動的で休み時間も放課後も，よく外遊びをしていました。音読も張った声で速くなめらかにできるので，みんなで一緒に読む時には，いつの間にか基準になることが多かったです。全ての活動を積極的にやりました。

(11) ＭＫ子
◎その子らしさが出ている。

> 　鉛筆の持ち方を直すように指導していますので，前よりは少し字がうまくなりつつあります。社会や理科の学習から「はてな？」と思ったことを，みんなの前で発表して学習課題を追究・発展させました。このような追究する心を今後も伸ばしていってほしいです。

(12) ＹＫ子
▼具体性がほしい。

⑬　ＹＳ男
　▼よい内容だが、「全面的に技能を高めました」より「自信を深めました」の方がよい。

　この一年間で、読書量が増え、パソコン操作にも慣れ、台上前転もうまくなるなど、全面的に技能を高めました。算数の計算も素早くできます。実力が十分にありながら、少しあわてることがあるので落ち着いて行動できるように助言しました。学級では、だれにも愛される存在でした。

⑭　ＫＳ子
　▼「ていねいなので、定着率も高く」の表現が不自然。

　体育の「3分間走」では、ペースを守って走ることができました。疲れを感じないで走れたことで、自信を深めることができました。書く文字がとてもていねいなので、定着率も高くて漢字テストはほとんど満点でした。社会科のまとめなどもきれいに仕上げることができました。

⑮　ＵＳ男
　◎具体的な描写と結びの言葉がよい。

　理科の「じしゃくにつけよう」の学習の時、自由に磁石を使わせたところ、「じしゃくがおれたら、どうなるか」という疑問を思いつきました。それが、学級全体の学習課題になりました。物事や現象に関心をもっていて、自分で考えることが大好きです。こういう面が伸ばしたいところです。

⑯　ＡＴ子
　◎事例と結びの文

　夏休みに読んだ本の読書感想文が「〇〇〇〇」という文集に掲載されました。目の不自由な人が盲導

第2章　子どもも保護者も納得する書き方トレーニング　47

犬と共にたくましく生きていく姿に感銘し，自分にできることは何か考える主張のある文章でした。逆上がりや後方支持回転や二重跳びなどたくさんのことが上達した一年でした。

がよい。

パソコンで「スイミー」の絵を描いたり，名刺を作ったり，リコーダーがうまく吹けるようになったり，漢字テストで毎回のように満点を取る等，成長した一年でした。自分で進んで学習しようという気持ちが出てきたことが成果となって表れてきました。苦手なことにもチャレンジしていました。

(17)　ＴＴ子
◎事例と結びの言葉がよい。

逆上がりができるようになったことを書いた作文が作文集「〇〇〇〇」の佳作となり，名前が掲載されました。縄跳びの「連続二重跳び」もできるようになり，新しい技にどんどんチャレンジしていました。人の話をしっかり聞いて，よく考えて行動するので，今後も伸びると思います。

(18)　ＭＴ子
◎具体例と結びの文がよい。

国語で学習した物語「ちいちゃんのかげおくり」の作文を原稿用紙に10枚書きました。本文から根拠を引用して論理のしっかりした文章を書きました。友達とは，いつも朗らかに話したり遊んだりしていました。ノートを見せる時，いつも「ありがとうございます」と言えるところが美点です。

(19)　ＹＴ子
◎この子の長所が具体的に書いてある点がよい。

(20) ＹＮ男

　この一年で，友達も増えよく遊ぶようになりました。給食の時には，面白いことを言って班で賑やかにしていました。漢字の練習をよくするようになり，成績が上がりました。以前より作文が早く書けるようになりました。まだ提出物を出し忘れることがあるので，改めさせたいです。

(21) ＭＢ子

　縄跳びにチャレンジして「連続二重跳び」がどんどんうまくなり，10回連続に迫りつつありました。どの教科にも真面目に進んで取り組むので，年間を通して好成績でした。話題の「ハリーポッター」シリーズをどんどん読破するなど，並々ならぬ読書量でした。

(22) ＲＨ男
▼具体性がほしい。

　作文では，よい表現を考えて論理的に書いていました。だいぶ自信を深めました。話し合いの時に，もっと発言するようになればと期待しています。また，体育のラインサッカーでは，チームメイトと呼応して，よい位置に素早く動いてゲームをしていました。

(23) ＭＨ子

　縄跳びがどんどんうまくなって，もうすぐ「二重跳び」ができる程になりました。今年一年，何事にもチャレンジして，ぐんぐん力をつけました。毎日

のように「はてな？」帳を書いてきて，表現を一層好むようになりました。いろいろ話しかけてきました。ユーモアもよく通じました。

　この一年で友達も増え，とても朗らかに遊んでいました。このことを今年の自分のニュースのトップに挙げていました。話しかけると，よく反応してユーモアもよく通じるようになりました。外でよく遊ぶようになり，一輪車の乗り方も，縄跳びの二重跳びもうまくなりました。

⑭　MH子
　◎子ども自身の評価と教師の評価が一致している。

　六年生を送る会の準備の時，しっかり花のアーチ作りをやりました。図書の貸し出す係として，きちんとチェックして返す作業をやりました。どの教科の学習も理解が早く，しっかり確実にできます。さらに，発言を多くして話し方もうまくなってほしいと期待します。

⑮　KM男
　▼結びの文が，悪文。「うまくなってほしいと期待しています」とは無責任だ。

　いつも友達と仲良くよく遊んでいます。学習面では，以前より積極的になりました。算数の授業中には，すぐにノートを見せるようになり，できるまで粘り強くやりました。いつも素直に学んでいますので，じわじわと力をつけています。今後も毎日学習を続ければ伸びていくと思います。

⑯　HM子
　大人しいので書くのに苦しんだ所見。学習面で目立って伸びていたのでよかった。

(27) ＳＭ子

　いつも元気に友達と遊んでいました。一輪車の後ろ乗りもうまくなりました。「毎日が楽しくなった」と言っています。どの友達にも優しく接しています。漢字の書き取りは，努力したので高得点を取るようになりました。今後も算数の復習を毎日やるように指導します。

(28) ＴＭ男

　活発に行動しています。この一年で遊ぶ友達が増えたことを喜んでいました。学習面では，漢字の書き取りもほとんどが満点を取るようになり，算数も十分に理解しています。音楽のリコーダーも上手に吹けるようになり，自分でもがんばったことの一つにあげています。

(29) ＨＭ男
▼もっと具体性がほしい。

　1週間ほど休んだ時を除いて，時にはやんちゃな面も発揮して元気いっぱいに過ごしていました。友達との交流が広がってきました。学習面では，論理的に考えることができるので短時間で正確に理解できます。人の話を聞くときの集中力は抜群でした。

(30) ＨＭ男
◎短所をユーモラスに書いている。

　この一年間，新聞づくりなど，いろいろな活動を学級の友達と楽しんでいました。「逆上がり」ができるようになり，努力することのよさを体験できました。日頃から，あまり細かいことを気にしないた

第2章　子どもも保護者も納得する書き方トレーニング　51

め，自分の名前入りの鉛筆などをよく落としていましたが，友達には大変人気がありました。

遊び時間になると，友達と誘い合って一緒によく遊ぶようになりました。保健の学習でも，ちゃんと内容を覚えていて記憶力のよさを感じさせました。面倒なことを嫌がることがあり，指導をしてきました。だいぶ我慢ができるようになりましたが，もう少し努力させたいです。

(31)　ＫＹ男
▼終わりの2文は，指導力の乏しさを子どもに転換してしまっている。

いろいろな活動を楽しんでいました。少し準備がおろそかになり，前のようにきれいな文字を書くことが少なくなったので，もう少し努力させたいです。一方，友達にも関心をもち，何にでもかかわろうとしていました。よい時には，困っている友達を助ける行為となって表れました。

(32)　ＮＹ男
▼最後の一文が悪文。明確さに欠ける。

この一年間で，「逆上がり」「連続二重跳び」「パソコン」が上達するなど，かなり成長しました。積極的に学習し，発言が多く，説明の仕方もうまくなりました。時には，友達が気づかないところに気づき，ユニークな着眼点から大変面白い話を聞かせてくれました。

(33)　ＹＹ男
◎この子の特長を適切に述べている。

> 鉄棒の「逆上がり」や縄跳びの「かけ足跳び」などができるようになり、この一年間で運動能力が高まりました。授業中は、思ったことをどんどん発言します。ただ、友達の話を聞こうという気持ちが少し足りないので、指名されないとため息をついていました。聞き分ける力を高めたいです。

(34) ＴＹ男
▼描写はよいが、結びの一文に「愛」が足りない。

## 3　記述式の学習評価

　総合的な学習の時間と外国語活動の評価では、基本的な目標について、十分理解しておくとよい。

　以下の文書で評価のポイントを確認していただきたい。これは、本校教員に示した文書である。（下線は筆者）

---

**「総合的な学習の時間」および「外国語活動」の指導と評価のために**

　今後の指導に向けて、念のため再確認していただきたい。
　特に、「総合的な学習の時間」と「外国語活動」では、その<u>趣旨に即した指導と評価を行う</u>よう留意する。なお、3・4学年は、「英語活動」という単元名で総合的な学習の時間の中で扱っていることについても留意してください。

**1　総合的な学習の時間の目標**
(1)　横断的・総合的な学習、探究的な学習を通すこと
(2)　自ら課題を見付け、自ら学び、自ら考え、主体的に判断し、<u>よりよく問題を解決する資質や能力を育成すること</u>
(3)　<u>学び方やものの考え方を身に付けること</u>

(4) 問題の解決や探究活動に主体的，創造的，協同的に取り組む態度を育てること
(5) <u>自己の生き方を考えることができるようにすること</u>

## 【目標の趣旨】

(1) <u>「よりよく問題を解決する」とは</u>
　　自らの知識や技能等を総動員して，具体的な課題に対して粘り強く解決しようとしている。
(2) <u>「学び方やものの考え方を身に付けること」とは</u>
　　課題の見付け方・つくり方，情報の集め方・調べ方，整理・分析の仕方，まとめ方・表現の仕方，報告・発表討論の仕方等が考えられる。また，見通し・計画の立て方，記録のとり方・活用の仕方，コミュニケーションのとり方，振り返りや意思決定，自己評価の仕方等あげられる。（自分の生き方，ものの見方・考え方を大切にする。）
(3) <u>自己の生き方を考えることができるようにすること</u>
　　「自分の生き方を考えることができる」とは，3つのことをいう。
　　一つには，人や社会，自然とのかかわりにおいて，自らの生活や行動について考えていく。
　　二つには，自分にとって学ぶことの意味や価値を考えていく。
　　三つには，この2つを生かしながら，学んだことを現在及び将来の自己の生き方につなげて考える。

◎「探究的な活動」…「生活や社会に目を向け，児童自ら課題を設定する。」→「探究するという過程を経由する。」→「課題が新たに更新され，再び探究する過程に進む。（繰り返す。）」
　　　　　　　　（①**課題の設定**　②**情報の収集**　③**整理・分析**
　　　　　　　　④**まとめ・表現**について評価する。）

2　外国語活動の目標　　　（5・6学年で年間35時間実施。英語を取り扱う原則）

(1)　外国語を通じて，言語や文化について体験的に理解を深める。
(2)　外国語で積極的にコミュニケーションを図ろうとする態度の育成を図る。
(3)　外国語の音声や基本的な表現に慣れ親しませる。

【目標の趣旨】
(1)　幅広い言語に関する能力や国際感覚の基盤を培うため，国語や我が国の文化を含めた言語や文化に対する理解を深める。例えば，地域や学校の紹介，名物を外国語で発信する活動等で体験的に理解を深める。
(2)　日本語とは異なる外国語に触れることにより，外国語を注意深く聞いて相手の思いを理解しようとしたり，他者に思いを伝えようとすることである。
(3)　体験的に「聞くこと」「話すこと」を通して，音声や表現に慣れ親しませる。

(1)　総合的な学習の時間の評価例

　記述による評価では，「**信頼される評価**」，「**多様な評価**」，「**学習過程の評価**」の3点が必要である。
　「**信頼される評価**」とは，評価の観点と評価の基準を保護者に明示する。つまり公開性が必要である。本校では，以下の4つの評価の観点を通知表に示している。

> ①　自分に合った課題を見付けることができる。＝ 課題発見力
> ②　課題を追究し，解決できる。＝ 課題の追究力・解決力
> ③　まとめたり，発表したりすることができる。＝ まとめる力・発表力

④　人とよりよく関わろうとすることができる。＝ かかわり力

「**多様な評価**」とは，発表や話し合いの様子，学習活動の観察，レポート・ワークシート・ノート・作文・絵などの制作物，活動の記録などを評価する。
　課題に取り組む中で身に付けたパフォーマンスを評価する。他には，学習カードや自己評価などもある。
「**学習過程の評価**」とは，結果だけでなく活動の過程を観察して評価するということである。
　ここで，実際の通知表の文例で，良し悪しを考えてみる。

> 　歴史上の人物に興味をもち，「武田信玄」について，パソコンを使って調べることができました。

「調べることができました」とある。しかし，行動の描写だけでは，評価にならない。これでは，「身に付けた」という段階ではなく，活動の様子を述べているにすぎない。つまり，評価の言葉としては物足りない。
　「学び方やものの考え方を身に付けること」という総合的な学習の時間の目標から見て，中途半端な評価である，と言えよう。
　せめて，下のように「評価」の言葉を述べるべきである。

> 　歴史上の人物「武田信玄」に興味をもち，インターネットや本を使って調べました。求める情報を確実に集めてまとめました。調べ方が身に付いてきています。

　ここでは，「子ども，自ら」の学習活動という目標と観点で述べたいところだ。
・どんな意欲をもったのか？

・どのように活動したか？
・どのような力がついたのか？

　これらを満たして初めて，総合的な学習の時間の評価と言える。一律ではなく「課題発見力」「追究力・解決力」「まとめる力・発表力」「かかわる力」のいずれかの観点で述べることが大切である。

(2) **外国語活動の評価例**

　「外国語活動」の目標は，次の3点である。

> ① 外国語を通じて，言語や文化について体験的に理解を深める。
> ② 外国語で積極的にコミュニケーションを図ろうとする態度の育成を図る。
> ③ 外国語の音声や基本的な表現に慣れ親しませる。

　原則として英語で行われる活動である。
　まとめていうと，
① 英語による体験的な理解
② 英語でのコミュニケーション
③ 英語の表現に親しむ
という目標に沿った評価が望ましい。
　事例を挙げる。

> 　手を動かしたり，歌ったりしながらダンスをしました。楽しく元気に英語の時間を過ごすことができました。

　これは，上記の目標のどの評価なのか？　「③　英語の表現に親しむ」か？　行動の描写だけなので評価としてははっきりしない。
　仮に③だとしても，英語を聞いたり話したりして「慣れ親しむ」活動の姿

が見えない。やはり，外国語活動の評価の言葉としては物足りない。
　読み手つまり保護者は，「こんな程度か？」と思ってしまう。外国語活動の目標と趣旨に即した記述を心がけるべきである。
　望ましい事例を挙げる。

> 　歌を歌うときは，大きなジェスチャーをつけて，明るく元気に歌っていました。友達とあいさつするときも，自分の体の調子を「fine.」や「Happy.」などのいろいろな表現を使うなど，英語に十分に親しんでいました。

　これなら，子どもの活動が描写され，目標に即した評価の言葉になっている。
　外国語活動は，楽しく行うことが大切である。しかし，「楽しさ」を目標にしているわけではない。3つの目標に合う指導と評価をすべきである。

### (3) 生活科の評価例

　生活科の評価は，次の3つの観点で行う。

> ① 生活への関心・意欲・態度
> ② 活動や体験についての思考・表現
> ③ 身近な環境や自分についての気付き

　国立教育政策研究所では，「評価規準の作成のための参考資料」を示している。これを参考に学校の特質に応じて評価規準を設定する。ここには，「盛り込むべき事項」というのも示されている。1学年の「アサガオをそだてよう」という単元の評価規準を3つの観点で示す。

【「アサガオをそだてよう」の評価規準例】

| 生活への関心・意欲・態度 | 活動や体験についての思考・表現 | 身近な環境や自分についての気付き |
|---|---|---|
| ・アサガオのたねの色や形に関心をもってさわったり，絵に描いたりしている。<br>・たねを植えるための土づくりを意欲的に行っている。<br>・たねをまいて，水やりなどの世話をしようとしている。 | ・アサガオを植える場所や世話の仕方について考えている。<br>・世話の仕方を工夫している。<br>・育ててきたアサガオのかかわりを振り返り，自分に合う方法で表現している。 | ・アサガオはたねを作り，生命をつないでいることに気付いている。<br>・アサガオに合った世話の仕方に気付いている。<br>・植物に親しみが増し，世話ができるようになった自分に気付いている。 |

学習指導要領では，気付きの質的な向上を３つ挙げている。

① 無自覚なものから自覚したものへ
② 単独の気付きから関連付けた気付きへ
③ 対象への気付きから自分自身の成長への気付きへ

この子どもたちの気付きについての評価の方法を示す。
「発言内容・行動観察」
「計画書の内容」
「学習カード・観察カードの内容」
「紹介ボードの記述内容」
「作文内容」
これらの視点で評価する。教師の観察と児童の記録が中心になる。１年生

の所見の例を示す。

> A　アサガオのつぼみにも白い毛が生えていることに気付き，カードに記録しました。葉の微妙な色の違いも丁寧に描くことができました。

> B　アサガオの葉っぱを優しく触りながら観察しました。カードにも「つるつるだった。」と表現しました。実際に触れてみることで新しい発見をしました。

> C　アサガオの成長の早さに驚いていました。カードには大きく膨らんだつぼみを描きました。つるが伸びた様子を「じゃんぐるみたい。」と上手に表現できました。

　気付きの質的な向上が見受けられる。特にAのように「①　無自覚なものから自覚したものへ」が多く見られる。しかし，「②　単独の気付きから関連付けた気付きへ」も見受けられる。
　Cは，つたがどんどん伸びて絡み合っている様子を「じゃんぐるみたい」と表現したのである。これは，自分がもっている知識に関連させた気付きを表現したものである。
　「③　対象への気付きから自分自身の成長への気付きへ」については，教師があえて振り返る場を設けることで可能であろう。観察カードで評価することも大切である。
　次ページのカードは，２学年の「らっかせい（落花生）」の観察記録である。この児童の観察は，かなり細かく関心の強さが表れており，評価が高かった。（実物は色鉛筆で描かれている。）

9月14日 はれ

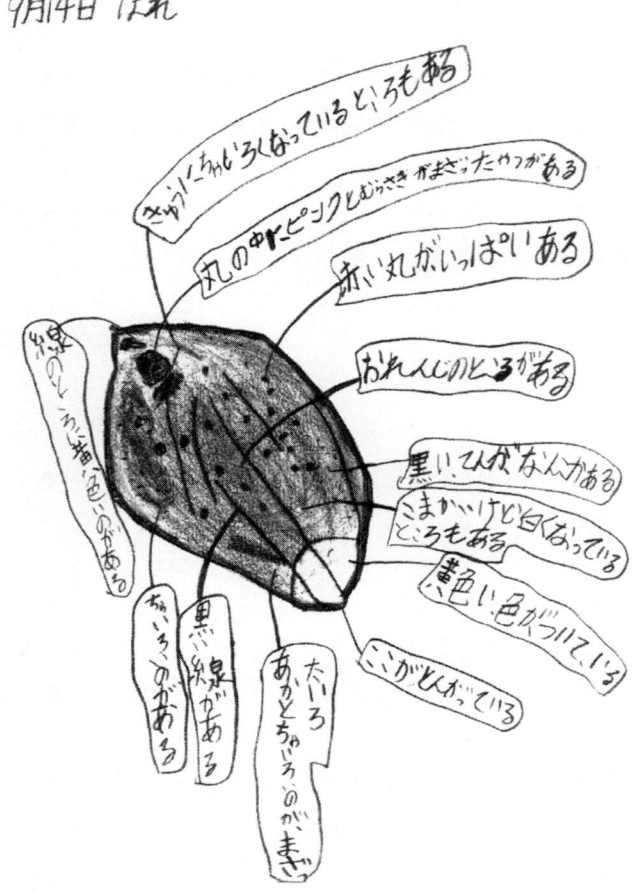

（葉っぱの観察スケッチ、吹き出しコメント付き）
- さいしょくらいちゃいろくなっているところもある
- 丸の中にピンクとむらさきがまざったやつがある
- 赤い丸がいっぱいある
- おれんじのところがある
- 黒いひげなんかがある
- こまかいけど白くなっているところもある
- 黒い色がついている
- ここがとがっている
- あかとちゃいろのがまざっている
- 黒い線がある
- ちゃいろひげがある
- 緑のところが黄色になっている

【評価メモ】
（2年「秋さがし」の学習）
・落ち葉の色に注目し観察することができた。
・形や色の様子を観察する力がついた。
・観察カードには毎回気が付いたことを多く書くことができる。観察する力がついている。
・葉っぱの形に注目し、一つ一つ丁寧に書くことができている。

## 第3章 保護者に伝わる所見 —セルフチェック法

### 1 わかりにくい言葉

(1) **カタカナ用語・略語**

① **カタカナ用語**

□ そのカタカナ用語は，保護者に伝わるか？

　学校の先生は，極端にカタカナ用語を使うことはない。ただ，コンピューターが得意な先生は，人が怯むほど，コンピューター用語を連発することがある。

　例えば，こうだ。

「文字をコピーする時には，マウスでドローして，ペーストすれば簡単にできます。」

「アップロードされたプログラムやファイルをコンピューターにダウンロードしています。」

　ほとんど日本語ではないみたいだ。さすがに今ならわかるが，パソコンが導入された当時は全くわけがわからなかった。

　カタカナの使い方について，以下の下書きがあった。(下線は筆者)

> 　国語のポスターセッションの学習では，グループの友達が欠席した分，一生懸命フォローしていました。

「ポスターセッション」

　保護者は，「ポスターセッション」が何のことかわからないかもしれない。「ポスターセッション」とは，図表やキーワードを書いた紙を10～20枚程

張り出して，人が前に立つたびに説明をする報告の形式である。これは，実際に目で見ていないと理解できない言葉である。

「フォロー」

「フォロー」という言葉も，具体的にどのような行動をとったのか不明である。何となくわかるような気がする言葉だけに，日頃からよく使われる言葉であるが，所見では別のわかりやすい言葉遣いを心がけるとよい。

この所見は，以下のように書き直すとよい。

---

　国語で，グループでポスターを使って発表会をした時には，欠席した友達の代わりに説明していました。

---

カタカナ用語は，保護者に十分に伝わるかどうか言葉を吟味して使うべきである。

学校で使いがちなカタカナ用語には，次のようなものがある。

「リスニング」
「ライティング」
「ヒヤリング」
「プリントアウト」
「センテンス」

これからは，ますます増えていくであろう。十分に保護者に伝わるかどうか見極めて使う必要がある。

② **略語**

□ その略語は，保護者に伝わるか？

学校現場に使われる略語はどんどん増えている。特に英語の頭文字を並べた略語が多い。

例を挙げてみる。意味がわかる場合には，（　）内に〇を書いてみていただきたい。

第3章　保護者に伝わる所見―セルフチェック法　63

（　）ＴＴ
（　）ＡＬＴ
（　）ＳＣ
（　）ＰＤＣＡ
（　）ＤＶ
（　）ＰＩＳＡ
（　）ＡＤＨＤ
（　）ＨＩＶ
（　）ＳＳＷ
（　）ＤＶＤ

その意味するところを簡単に述べる。

ＴＴ………Team Teaching の略語。1学級に複数教員が指導する指導方法。

ＡＬＴ……Assistant Language Teacher の略語。外国指導助手のこと。

ＳＣ………School Counselor の略語。学校に派遣されている臨床心理士。児童・生徒等の相談にのる専門家。

ＰＤＣＡ…Plan（計画）Do（実施・実行）Check（点検・評価）Action（処置・改善）のサイクルのこと。学校の教育活動の実践方法で使われる。

ＤＶ………Domestic Violence の略語。同居関係にある間で起こる家庭内暴力のこと。

ＰＩＳＡ…Programme for International Student Assessment の略語。経済協力開発機構（OECD）による国際的な生徒の学習到達度調査のこと。

ＡＤＨＤ…Attention Deficit / Hyperactivity Disorder の略語。注意欠陥・多動性障害のこと。

ＨＩＶ……Human Immunodeficiency Virus の略語。ヒト免疫不全ウイルス。俗称では，エイズウイルスといわれる。

ＳＳＷ……School Social Worker の略語。生活面で困難な児童生徒に関わる

　　　　　　自立支援相談業務に携わる専門家のこと。
ＤＶＤ……Digital Video Disc の略語。デジタルビデオディスクのことである。音と画像が記録でき，再生できる記録装置のこと。

　この他にもこの種の略語が使われている。特に，教育相談や特別支援教育に特化した定例会で専門家の講師の先生が語る専門用語が大変多い。しかも略語で語られることが多いので，わからないとついていけない状況になっている。
　これらの言葉を所見で使うことは，少ないかもしれない。
　例えば次のように使うことがあるかもしれない。（下線は筆者）

---
　英語を使ったゲームで，<u>ALT の先生</u>とのやり取りを上手に楽しそうにできました。

---

　文脈から「どうも外国人の先生という意味らしいが……。」と，薄々わかるかもしれない。しかし，やはり英語の略語なので，「外国語の先生と」というように書くとよい。

### (2) 専門用語
□ その専門用語は，保護者に伝わるか？
#### ① 集団行動

　学校現場で，教師がしばしば使う特有の専門用語がある。「共通理解」「実踏」がそうだ。「共通理解」は，全員による「合意」「決定」という意味である。教職員全員で確認した事項を指す。「実踏」とは，「実地踏査」の略語である。遠足や社会科見学の実施前に教員が下調べに行くことである。
　これらの言葉を，所見では使うことはないが，それに似たような専門用語はある。次の「集団行動」がそれにあたる。（下線は筆者）

---
　当初，学級での<u>集団行動</u>ができないことがありましたが，最近は，遅

> れないで友達と一緒にできるようになりました。

「集団行動」とは集団が，同じ目標の下，規律のある行動をとることを指す。例えば，学校では，教室の移動時に「整列して歩くこと」や「気をつけ」「前へならえ」など号令で一斉行動をとることを指す。

保護者からすれば，「集団行動って何のことだ？」「これができないということは何ができないことだろう？」と，思うであろう。わかるような，わからないような専門用語である。これは，次のように直すとよい。

> 当初，号令に合わせて整列したり，整列して歩いたりすることが苦手でしたが，最近は，みんなと一緒に素早く上手にできるようになりました。

これならば，具体的な行動を描写しているので，保護者も理解できるであろう。

② 発問

「発問」は，授業で教師が児童・生徒に問う言葉を指す。教師が，常に意識している専門用語である。だから，つい使いたくなる言葉である。例を挙げてみよう。（下線は筆者）

> 国語の「ごんぎつね」の学習では，発問に素早く反応し適切に答えました。

この「発問」は，保護者には何のことかわからない言葉である。
これは，次のように改めるとよい。

> 国語の「ごんぎつね」の学習では，教師の問いに素早く反応し適切に

> 答えました。

### ③ 板書

「板書」も「発問」と同様，毎時間意識している言葉である。やはり安易に使ってしまいがちである。(下線は筆者)

> 今学期は，<u>板書</u>を書き写すことが素早く丁寧にできました。

「板書」とは，黒板（またはホワイトボード）に教師が書いた文字等を指す。しかし，これも保護者には伝わらない言葉である。これも使わない方がよい。

以下のように表記するとよい。

> 今学期は，黒板の字を書き写すことが素早く丁寧にできました。

この他にも「業間」「校時」など，保護者に伝わらない言葉もある。
この種のカタカナ用語や専門用語を用いないで伝えるのがプロである。

## 2　ごまかしの言葉・難解な言葉

### (1)　「〜的」
□　「〜的」でごまかしていないか？

所見の言葉で大変多いのは，「積極的」「自主的」「意欲的」などの言葉である。次のような下書きがあった。(下線は筆者)

> 算数の計算練習を<u>積極的</u>に行い，かけ算の計算も正確にできました。
> 給食当番も<u>自主的</u>に行うことができました。

ほめられているから悪い気はしないが、保護者にはイメージができない。具体的な描写がないからである。子どもの行動をよく見て描写することである。故意でなくても、ごまかしの言葉になってしまうから気を付けるべきである。

これを以下のように書き改めるとよくなる。

> 算数の計算が正しくできるようになるまで根気よく練習しました。その結果、かけ算の計算で満点をたくさんとるようになりました。給食当番も常に早く取り掛かって、最後の後片付けまで手際よくできました。

これならば、イメージができる。先の文よりもはるかにわかりやすく、しかも温かいメッセージとして保護者に伝わるに違いない。

## (2) 「～性」
□ 「～性」でごまかしていないか？

「～性」も「～的」同様、しばしば使われる言葉である。
「自主性」「積極性」「創造性」「リーダー性」などの言葉である。例えば、次のような所見である。（下線は筆者）

> 学習発表会では、初めの練習の時から工夫を凝らして、いろいろと試してみるなど創造性を発揮していました。

この「創造性」の中身がわかりにくい。
これは、次のように改めるとよい。

> 学習発表会では、演技をよく研究していろいろ試してみるなど工夫を凝らしていました。動きや道具の使い方を新しく考え出すなど大いに才能を発揮していました。

「創造性」の中身は，動きや道具の使い方の新しい考案と，言い換えてわかりやすくした。これならば，保護者にも「何をしたのか」という中身が伝わる。

「〜的」や「〜性」という言葉は，便利な言葉であり安易に使いがちである。だが，保護者にはその中身が伝わりにくい言葉である。なるべくこの種の言葉を使わないで，子どもの行動や言葉を描写して書くとよい。そうすれば，言わんとしている中身が保護者に確実に届くに違いない。

### (3) 「漢語」「四字熟語」
□ 漢語や四字熟語を使っていないか？

若い先生は，漢語や四字熟語はあまり使わない。それでも，たまに「切磋琢磨」とか「捲土重来」という言葉を目にする。

次のような下書きがあった。（下線は筆者）

> グループの人達と協力し，切磋琢磨しながら発表練習を繰り返していました。

「琢磨」は，玉・石などを輝きが出るまで磨くという意味である。辞書には，徳を修めるために，学問をして努力に努力を重ねること，とある。また，友人同士で互いに励まし合い競い合って向上するという意味もある。この意味内容から考えると大げさすぎる言葉遣いである。

これは，以下のように書き改める。

> グループの人達と意見を出し合い，発表の練習を何度も根気よく繰り返してやっていました。

保護者は，漢語や四字熟語だと意味がわからないことがある。余程のこと

がない限り使わない方がよい。
　通知表の所見で四字熟語を使う教師はあまり多くはないが，使われそうな言葉を挙げてみる。
　「理路整然」— 物事の道理や話の筋道が正しく整っていること。
　「自由自在」— 思い通りに自由にできる様子。
　「臨機応変」— 状況の変化に応じて適切な手段や処置ができること。
　「優柔不断」— ぐずぐずしていてなかなか決断できないこと。
　「率先垂範」— 人の先に立って行い，手本を示すこと。
　「順風満帆」— 船の帆が都合のよい風向きで進むように，物事が順調に進む様子。
　「東奔西走」— あちらこちらに駆けずり回って忙しい様子。
　「一喜一憂」— 状況や事情が変化するたびに，喜んだり心配したりすること。
　この中には，効果的な場合もありそうだ。しかし，その言葉を使うにふさわしい場合を除けば使わない方がよい。

　私の25年前の教え子の所見に，「怠る」という言葉を使った。（下線は筆者）これは，四字熟語ではないが，難しい言葉遣いの一つである。

> 　日々の学習では，面倒な作業や練習を怠る点が多く，これを改めればよくなるでしょう。

　「怠る（おこたる）」という言葉は難解である。怠（なま）けるということを言いたかったかもしれないが，「面倒」という言葉遣いもあり，拙劣かつ粗野な表現だったと反省する。
　因みに，この教え子は，民生委員という社会貢献をする立派な社会人として活躍している。
　今なら，以下のように書く。

> 　日々の学習で、一つのことを根気よく続けることができるようになれば、もっと力を発揮できます。その力を秘めています。

　要するに難しい言葉を使わずに、教師の真意がしっかり伝わるように素直に表現した方がよい。

## 3　重複・くどい言い回し

### (1) 言葉の重複
□　言葉の重複はないか？

　一文に言葉が重複した下書きがあった。(下線は筆者)

> 　自分が苦手なことに対して、2学期になってからはだんだんと<u>忍耐強くなり</u>、学習に<u>粘り強く取り組む</u>ようになりました。

　「忍耐強くなり」「粘り強く取り組む」これは意味が重複している。同じことの繰り返しであり、不要である。意味が通る場合には、この一文を略してよい。
　この所見の2回目の下書きを示す。(下線は筆者)

> 　2学期になってからは自分が<u>苦手なこと</u>に対しても粘り強く<u>取り組む</u>ようになりました。

　ただし、まだ、「取り組む」という言葉が、何を示すのか不明である。
　2回目の下書きは、保護者から見て、「苦手なことって何だろう？」「粘り強く、とあるけどどんなことをしたというのか？」と、イメージがつかみにくい。
　次のように書けば、保護者にはよくわかる。

第3章　保護者に伝わる所見—セルフチェック法

> 　ノートを丁寧に書くことが課題でしたが，今学期はよく努力したので整った文字が書けるようになりました。苦手を克服した自信は大きいものがあります。

## (2)　くどい言い回し
☐　くどい言い回しはないか？

　次のようなくどい言い回しの下書きもあった。（下線は筆者）

> 　漢字の学習では，正確な漢字の習得が図られています。テストも好成績でした。来学期も活躍を期待しています。

　全文，どうもよくわからない所見である。ほとんど中身がないからである。
　まず「漢字」という言葉が重なっているばかりでなく，「図られています」と抽象的に書かれている。何のことかよくわからない所見である。理解できないのは，言い回しがくどいからである。
　次のような書き方をすれば，この子が一つのことに打ち込んだ努力が波及効果として他教科の学習にも表れている，という望ましいメッセージが保護者に届くに違いない。

> 　漢字の書き取りを一生懸命にやった結果，満点をとることが多くなりました。丁寧さが他のテスト結果にも表れ好成績でした。このような学び方をしていけば今後も一層力をつけるものと期待できます。

　見える結果だけでなく，見えない成果を洞察して所見で表現することになる。
　持って回ったようなくどい言い回しは避けなければならない。

## 4　主語と述語の対応

□　主語と述語は対応しているか？

　主語と述語が呼応せず，乱れているかどうかチェックする。
　明らかに文が乱れた所見の実例（下書き）を取り上げる。

---
　クラスの友達からも認められる「足の速さ」は，運動会のリレーで特に輝いていました。

---

　これは，一読して変な文だとわかる。この文の主語と述語だけの文にしてみると，おかしさがすぐわかるであろう。
　（A君の）「足の速さ」は，……輝いていました。
　この文には，主語が省略されている。（A君の）と，書き加えても変な文である。
　これは，次のように書き改めたい。

---
　（A君は）クラスの誰もが認める俊足の持ち主です。運動会のリレーの選手としてその特技を発揮してチームに勝利をもたらしました。（その様子は）運動会での輝くシーンとなりました。

---

　　　　　　　　　　　　　　　　　　　　　　　（　）内は省略されている主語

　主語と述語がかけ離れている例は多い。そのためには，文を短くするなど配慮するとよい。文意が伝わらないので気を付けて書く。

　実は，日本語では主語が書かれないことが多い。三上章（1901－1971）は，「日本語の『主語』には問題が多い」と，以下のように指摘している。（三上章『三上章論文集』くろしお出版，1975年　より）

問題点は次の3つである。
① 主語の省略が多いこと。
② 「は」と「が」の対照。
③ 二重主語的な表現がかなりあること。

ここでは，①と②については深入りしない。③の二重主語は，所見でも見受けるので紹介する。
　　A　象は鼻が長い
　　B　私は赤が好き
このA・Bともに主語が2つもある「二重主語」のように見える例である。

この見解については，言語学者の間で長く論争されている。
これについては，大野晋が明言している。Aの文を「1つの文に2つの主語がある」と見てはいない。「鼻が長い」という情報が「象は」という主語に続く，と見なしている。（後述「助詞の使い分け」参照）

所見では，「太郎君は」と主語の部分を省略する書き方をする場合が多い。
それでも，主語と述語がきちんと正対するようにチェックしておく。

## 5　言葉の使い方

(1)　テン「，」のうち方
□　テン「，」のうち方は正しいか？
　テン「，」の場所一つで，意味が全く違ってしまう典型的な例がある。
ここではきものを脱いでください。
　ここで，はきものを脱いでください。＝「履物」と理解される。
　ここでは，きものを脱いでください。＝「着物」と理解される。

このように，意味合いがガラッと変わることもあるので気を付けたい。
　テン「,」のうち方には，原則がある。（①②は，文部省『くぎり符號の使ひ方』1946年3月）
①　テンは，第一の原則として文の中止にうつ。
　　長いかかる言葉が2つ以上ある時に「,」をうつ。
②　テンは，第二の原則として，副詞的語句の前後にうつ。
③　ただし，うってはらないテンがある。（③は，本多勝一『日本語の作文技術』朝日文庫，1982年）
　この③のテン「,」には，十分に注意した方がよい。
　以下，その例文を示す。（前掲書118ページから引用）

> 　じゅうたんの上にくるま座になって紅茶と，アラビアコーヒーをごちそうになる。

　これは，すぐにわかるであろう。「紅茶」のあとのテン「,」をうってはならない。うつとすれば第一原則にしたがってその前にうつ。

> 　じゅうたんの上にくるま座になって，紅茶とアラビアコーヒーをごちそうになる。

　このようにあってはならぬテンによって文がわかりにくくなる例は案外多い。テンには，うつべきテン，うってはならないテンがある。無用なテンもある。
　テンの少ない作家に，吉本隆明（1924－2012）がいる。
　「いまの日本は，明るいけれども，どこか寂しく刹那的な雰囲気が感じられます。…（略）…明るいからいいという当たり前の判断を根本から疑ってみる。そうすることでもっと世の中の出来事や自分自身というものを相対的に見ることができるようになっていくのではないでしょうか。」と続く。（吉本

隆明『真贋』講談社文庫，2011年）
　書き手の多くは，やたらにテンをうつ人が多い。
　テンが多すぎる所見の下書きの例を挙げる。

> 　学習面では，授業態度もよく，算数では，難しい問題に取り組み，間違えた所をしっかりと直し，次につながる姿勢を見せていました。

　これは，テンのうち方のために落ち着かない。読みにくくしている悪例である。これは，以下のように直したい。

> 　学習中の態度もよく，算数では難しい問題に取り組み，間違えた所をしっかりと直して次につながる姿勢を見せていました。

　このように書き改めると，テンが少ないのでだいぶん読みやすくなる。

## (2) 演習テキスト「句読点のうち方」

　「，」（テン　読点）や「。」（マル　句点）のうち方について実際に考えてみる。以下，実際に行った研修会の内容である。

---

### 句読点のうち方

1　次の３つの例文の「。」（マル　句点）のうち方は，正しいですか。
　(1) 「ようやく晴れてきましたね」　　〔　　　　　　　　〕
　(2) 「ようやく晴れてきましたね。」　〔　　　　　　　　〕
　(3) 「ようやく晴れてきましたね。」。〔　　　　　　　　〕

【ヒント】　新聞社など出版業界で採用されているうち方は，以下の通りである。

① 会話の場合は「　」の外に句点をうたない。
② 会話以外で,「　」や（　）を使った文が終わる時は句点をうつ。
③ 「　」や（　）など中に入る最後の文については句点をうたない。
④ 「—」や「…」で終わる文には句点をうつ。
⑤ 箇条書きには句点をうたない。

2　次の文の下線部を,「,」（テン）を加えたり,減らしたりしてわかりやすく書き直しなさい。
(1) 今では看護婦という仕事に偏見を持つ人はおらず,むしろ人の命を救う神聖な職業と思われている。<u>しかしナイチンゲールが生きた時代は看護婦という仕事は,貴婦人のする仕事ではなく身持ちの悪い下女たちがする,卑しい仕事であると考えられていたようだ。</u>
　　　（松谷浩尚『イスタンブールを愛した人々』中公新書から。2〜4同じ）

3　語順を並び替える方法と「,」（テン）を加える方法で,書き直しましょう。
(2) それを考えると看護婦になることは良家に育ったナイチンゲールにとって一大決心だったのである。

4　次の2つの文のニュアンスの違いを書きましょう。
(1) しかし彼女の心配は杞憂にすぎなかった。
(2) しかし,彼女の心配は杞憂にすぎなかった。

5　「,」（テン）を使わないで漢字などを用いてわかりやすく書き直しましょう。
　　すもももももももももいろ。

【答え】1どれも間違いではない。2しかし,ナイチンゲールが生きた時代は,

看護婦という仕事は貴婦人のする仕事ではなく，身持ちの悪い下女たちがする卑しい仕事であると考えられていたようだ。3それを考えると，良家に育ったナイチンゲールにとって，看護婦になることは一大決心だったのである。4(2)は(1)よりも反転の意味を強調している。5李も桃も腿も桃色。

【解説】
① 句点（マル「。」）のうち方
　最初の設問は，案外難しい。(2)を除いて，結構ばらついた。

---

1　次の３つの例文の「。」（マル　句点）のうち方は，正しいですか。
　(1)　「ようやく晴れてきましたね」
　　　　　　　　　〔正解は　○　ただし，小説や新聞で。〕
　(2)　「ようやく晴れてきましたね。」
　　　　　　　　　〔正解は　○　学校では必ず文末にうつ。〕
　(3)　「ようやく晴れてきましたね。」。
　　　　　　　　　〔正解は　○　ただし，あまり見かけない。〕

---

(1)の　「ようやく晴れてきましたね」
　これは，○である。新聞や小説などの会話では，文末の句点（。）は，うたれていない。
　面白いことに例外がある。若い作家・綿矢りさの初期の小説の会話の文末には，律儀なまでに句点（。）がある。『インストール』（河出書房新社　2001年11月刊）も『蹴りたい背中』（同　2003年8月刊）もである。ところが，その後の文庫の書き下ろし『You can keep it.』（2005年10月刊）になると，文末の句点はなくなっている。
　この表記は，若い作家に限ったことではない。著名作家もこの表記の仕方が異なる。芥川龍之介と太宰治は，会話文末に区点をうっている。他のほとんどの作家は会話の文末の句点をうっていない。井伏鱒二（1898-1993）は

綿矢と同じく，作品によってうったりうってなかったりしている。
　次の記事のように新聞記事の会話文の文末には，ほとんど全てに句点がない。
　将棋の米長邦雄さんはその昔，亭主関白ぶりを自慢していた。「わが家で一番偉エラいのは私です」（『編集手帳』讀賣新聞　2012年12月19日版）

『インストール』の一部

「これ故障してるんですか?」
……（略）
「それはね,」私は粘った。
「うーん。でもやっぱり,これほしいなあ。」
……（略）
「すごい使いにくいよ。」
……（略）
「大丈夫だと思います。」
『インストール』（河出書房，二〇〇一年）

『You can keep it.』の一部

「そう。俺はここが好きだな」
「何が一番思い出に残っている?」
「……カレーが黄色くて辛かった」
「町の道を普通に歩いている牛は見た?」
「見た。臭いね奴ら」
「このピアスもインドで買ったんだ。宝物なの」
『インストール』文庫版に収録（河出文庫，二〇〇五年）

(3)の 「「ようやく晴れてきましたね。」」

　これには，全員が「×」と答えたが，これはありうる。前述の同日の『編集手帳』の同じ欄に，それはあった。原文は縦書きだが，横書きにして示す。

　「私は，そのようなホントのことを口に出す男ではありません。」。本紙にそう語ったことがある。

　これは，ヒント②の『会話以外で，「　」や（　）を使った文が終わる時

は句点をうつ。』のルールとも違う。このように，句点のうち方は，簡単である。しかし，読点「，」のうち方は難しい。

② 読点（テン「，」）のうち方
　次の「，」（テン）を加えたり，減らしたりしてわかりやすく書き直す問題では先生たちは混乱した。問題にした文を示す。

---
　　しかしナイチンゲールが生きた時代は看護婦という仕事は，貴婦人のする仕事ではなく身持ちの悪い下女たちがする，卑しい仕事であると考えられていたようだ。
---

正解は，下記の文である。

---
　　しかし，ナイチンゲールが生きた時代は，看護婦という仕事は貴婦人のする仕事ではなく，身持ちの悪い下女たちがする卑しい仕事であると考えられていたようだ。
---

正解（原文）と違っていたのは，次の通りである。
　…（略）看護婦という仕事は，貴婦人のする仕事ではなく（略）
ここにはっきり見えたのは，助詞「は」の次には必ず「，」テンをうつ，という思い込みである。これは，長い学校生活で刷り込まれている知識なのだと考えられた。「は」の次にうつべきテンとうってはならないテンがある。
　これについては，詳しく後述する。（「助詞の使い分け」を参照されたい。）

　次の設問も先生たちが手こずった。（下線は，移動した語句の部分）

---
　　それを考えると看護婦になることは良家に育ったナイチンゲールにとって一大決心だったのである。
---

これは，文を書く側になって考えなければならない。テンをうつことと，語句を移すことの二重の作業を課したためである。これは，難しすぎて設問が悪かった，と反省した。
　正解（原文）は，以下の通りである。（下線は，移動した語句の部分とテンをうった部分）

> 　それを考えると，良家に育ったナイチンゲールにとって，看護婦になることは一大決心だったのである。

　2つの文のニュアンスの違いについては，さすがに全員正解であった。
(1)　しかし彼女の心配は杞憂にすぎなかった。
(2)　しかし，彼女の心配は杞憂にすぎなかった。
　これは，(2)の「しかし，」の方が反転の意味合いを強調している，と答えていた。

　次は，よく知られている言葉遊びである。ただし，「もも」が1つ多い。
> すもももももももももももいろ。

　正解は，以下の通りである。
> 李も桃も腿も桃色。

身体の「腿（もも）」が少し出にくい。これはなくてもよかったかと思う。この研修では，思いの外，先生たちが大変手こずった。

### (3)　助詞の使い分け
□ 「は」・「が」の使い分けができているか？
　助詞の使い方は，易しそうに見えて難しい。
　小学校で「主語と述語」を教える。文法の基本である。ところが，日本語の文法というものは明治期になってヨーロパ文法を基につくられたため完璧なものではない。

しかしながら，外国語を習う時には必ず意識しなければならないのが文法である。こういうことにも触れながら「は」と「が」の使い分けについて述べる。
　かつて，国際基督教大学の英文の日本語教科書には，「は」と「が」の使い分けとして，次のように書かれている，という。

---

は ─　ちょっと休止して，遠くまで係る。
が ─　休止なしに，すぐ近くへかかろうとする。
　　　　　（三上章『三上章論文集』くろしお出版，1975年初刊　408ページ）

---

うまくいかない例がある。
　A　私は山田です。
　B　私が山田です。
こういう「主語─述語」の２つの形がある。

　以下，大野晋（1919-2008）の考え方に即して，「は」と「が」の使い方を示す。（『日本語練習帳』岩波新書，1999年）
　「は」には，以下４つの働きがある。これを意識して使い分けよう。

① 「は」の使い方
「は」の働き①　話題を出して答えを出す
【演習１】　次の例文で，「は」の答えになる部分を指摘せよ。（二重下線は筆者）

---

　ジョバンニはまっかになってうなずきました。けれどもいつかジョバンニの目のなかには涙がいっぱいになりました。そうだ，僕は知っていたのだ，もちろんカンパネルラも知っている，それはいつかカンパネルラのお父さんの博士のうちでカンパネルラといっしょに読んだ雑誌のなかにあったのだ。それどこでなくカンパネルラは，その雑誌を読むと，

> すぐにおとうさんの書斎から大きな本をもってきて，ぎんがというところをひろげ，まっ黒なページいっぱいに白い点々のある美しい写真を二人でいつまでも見たのでした。　　（宮沢賢治『銀河鉄道の夜』岩波文庫）

《答え》
　　　ジョバンニは　　→　うなずきました。
　　　僕は　　　　　　→　知っていた
　　　それは　　　　　→　あったのだ。
　　　カンパネルラは　→　（もってきて　ひろげ）見たのでした。
　答えになる部分は，それぞれの文の切れ目または文末にある。
　また，宮沢賢治は，「は」の次にテン「，」をうっていない。これも留意したい。

「は」の働き②　対比の「は」
【演習2】　次の例文の「は」の使い方を説明せよ。

> 私は，にんじんは嫌い。

《答え》
　　　私は　　　　→　嫌い。
　　　にんじんは　→　じゃがいもなどの他の言葉の対比の「は」。にんじんは主語ではない。

「は」の働き③　限度の「は」
【演習3】　次の2つの文の意味の違いを述べよ。

> A　8時に学校に集まってください。
> B　8時には集まってください。

《答え》
　Aは,「8時に」と時刻を指定する。
　Bは,「は」が加わって時刻の限度を示す。「8時が限度」「8時までに遅れないで」という意味である。
　「月末まではだめです。」「3時までは開いています。」も同じで,限界を示す。

## 「は」の働き④　再問題化
【演習4】　次の文について,別の言葉を補って説明せよ。

> おいしくは,なかった。

《答え》
　「おいしくは」ないにもかかわらずという意味で,次に「ない」という否定か,「あるけれど」という留保の言葉がつく。これが「再問題化」という使い方である。

　以上,「は」の4つの働きである。
　大野晋は,以下のようにまとめている。

> ハは,すぐ上にあることを「他と区別して確定したこと（もの）として問題とする」ということです。　（『日本語練習帳』岩波新書,1999年)

　学校では,何でもかんでも「〜は,」というように,必ず「は」の直後にテン「,」をうつように教えている。小学校での入門段階では必要である。しかし,応用できる段階では表現として,うたない場合もあると教えたい。

② 「が」の使い方
「が」の働き①　名詞と名詞をくっ付ける
【演習5】　Aの文の「は」は，下のどの言葉と結びつきますか。
　　　　　Bの文の「が」は，下のどの言葉までくっ付けてひとまとめにしていますか。

> A　彼はチームのみんなをまとめるのが大変だったことは書いていない。
> B　彼がチームのみんなをまとめるのが大変だったことは書いていない。

《答え》　下線部のところ
　　A　彼は……書いていない。
　　B　彼がチームのみんなをまとめるのが大変だったこと
「が」は，続く言葉をまとめる役をする助詞である。


「が」の働き②　現象文を作る
【演習6】　次の2つの文を比べて，違いを指摘せよ。

> A　桜が咲いていた。
> B　桜は咲いていた。

《答え》
　　A　現象を描写するので「現象文」として使われる。
　　B　出されている問題に対して，その答えがどうだったかを示す「問答の形式」として使われる。

以上のように，「が」は，「①　名詞と名詞をくっ付ける」，「②　現象文を作る」という2つの型に使われている。
　先に挙げた例を示して，「は」と「が」の使い分けをまとめる。
　　私は山田です。→「わたしはダレか」と言えば「山田です」と答える形。

私が山田です。→山田という人がいるらしいとわかっている。どの人物か知らせる形。

山下は来た。→「しかし田中は来なかった」が隠されている形。対比している文。

山下が来た。→「あっ，山下がやって来た」と，「が」の前のものを発見した時の形。

ここまでわかれば，次の形も理解できる。

象は鼻が長い

「象は」＝問題が出される。「は」の次には新しい情報が来る。そこに「鼻が長い」が来る。

すると，「1つの文に2つの主語がある」と見るのは全く間違いである，とわかる。

以上のように，「は」と「が」の基本的な働きを理解して使い分ける。

## (4) 使わない方がよい言葉

☐ 無用な接続詞などを使っていないか？

### ① 「そして」「それから」を使わない

よい文章を書く秘訣に，接続詞を使わないということがある。使うと，文章が稚拙になる。限られたスペースに書かなければならない所見では，特に言葉を絞り込まなければならない。

小学1年生によく見られるのが，次のような作文である。

> あさおきて，ごはんをたべました。それから学校にいきました。そして，ともだちとあいました。そして，あつまるあいずがあったので，みんなでならびました。それから，せんせいとみんなであいさつをして，どうぶつこうえんにでかけました。

「そして」「それから」がやたらに多い文章である。

　所見には，努めて接続詞を使わないように課す。そういう努力を継続すれば論理的な文章が書ける。

### ②　「さて」「ところで」を使わない

　「さて」「ところで」も使わない方がよい。話題が転換するからである。限られたスペースでは，使うと言いたいことが収まらないからだ。

　所見で目立って多いのは，「学習面では」という言葉である。これは，異常なほど多い。中には，いきなり「学習面では」から始まるのもある。この言葉は，「ところで」と同じようなニュアンスがある。

　次は，その所見の例である。

> 　学習面では，漢字の宿題も欠かさず，まじめに授業も受け努力しています。

　これは，なぜおかしいか？

　その直前に，何かを述べる。その後に，他の面を述べる番なのである。そのように続かないからおかしいのである。「学校では〜……。家庭では〜……。……」と書くのならばよい。

　例えば，次のように対比的に書くのならばよいのである。

> 　生活面では，毎日元気な声で挨拶したり話したりして楽しそうにすごしています。学習面では，……（略）……。

### ③　順接の「が」を使わない

　順接の「が」は，使わないようにする。逆説の「が」は，「〜だが」「〜ではあるが」という使い方である。順接の「が」は，これとは違う。

例えば，次のような文である。

---
　作った新聞の発表をみんなの前で発表できましたが，回数を増やして自信をもたせたいです。

---

これは，発表できたけど，他のことはできなかったのか，という書き方ではない。以下のように書けばよいのである。

---
　作った新聞の発表をみんなの前で発表できました。さらに発表の回数を増やして自信をもたせたいです。

---

以上のように，無用な言葉を使わないで論理的な表現を心がける。

## (5) 修飾の順序
☐ 「修飾」の順番の原則を守っているか？

「修飾」＝「言葉のかかる順序」には，原則がある。（本多勝一　前掲書から）

---
① 長い方を先に
② 句や連文節を先に
③ 大状況を先に
④ なじみの強弱（親和度）

---

例文で比べる。

【演習1】　この中では，どれが一番よい文か？　その根拠（どの原則か）を述べよ。

---
A　ライトを消して速く止まらずに走る。

> B　ライトを消して止まらずに速く走る。
> C　止まらずにライトを消して速く走る。

　　答え〔　　　　〕
　　根拠〔　　　　　　　　　　　　　　　　　　　　　〕

正解はBである。

　Aだと,「速く」が「止まらず」を修飾するかのように受け取られる恐れがある。「止まらずに」は副詞句なので「速く」より後に置かない方がよい。

　Cは,「ライトを消して止まらない,点けてなら止まる」と解される恐れがある。

　Bが最も誤解のない文である。

　修飾の原則①の「長い方を先に」の順で並べると次のようになる。

　　ライトを消して
　　止まらずに
　　速く

この理由によって,Bが最もよい文である。

【演習2】　次のどちらがよい文か？　その根拠（どの原則か）を述べよ。

> ア　初夏の雨がもえる若葉に豊かな潤いを与えた。
> イ　豊かな潤いをもえる若葉に初夏の雨が与えた。

　　答え〔　　　　〕
　　根拠〔　　　　　　　　　　　　　　　　　　　　　〕

正解は,アである。

これは,アの方が修飾の原則③の「大状況を先に」にかなっている。

【演習3】 どちらがよい文か？　その根拠（どの原則か）を述べよ。

> ウ　もえる夕日に初夏のみどりが照り映えた。
> エ　初夏のみどりがもえる夕日に照り映えた。

　　答え〔　　　　　〕
　　根拠〔　　　　　　　　　　　　　　　　　　　　　　　　　〕
　正解は，ウである。なじみの強さ（親和度）が決め手である。「照り映えた」のは何か？　それは，「初夏のみどり」である。この２つの言葉を近くした方がよいということである。
　以上のように，修飾の順序の原則で書くと表現が適切になる。

## 6　一文中の矛盾

### (1)　一文が長い

□　一文が長すぎないか？

　一文が長い所見があまりにも多い。以下，下書きの一例である。

> 　算数の四角形の学習では，難しそうにしていましたが，あきらめることなく，きちんと描けるまで何度も消しながら続け，一生懸命さが伝わりました。

　一文で69字もある。400字詰め原稿用紙でいうと４行分になる。文のリズムも悪い。
　これは，下記のように一文を短くするとよい。

> 　算数の四角形の学習でのことです。最初は難しそうにしていました。あきらめることなく何度もやり直しをしていました。正確にかくまでの懸命な姿に希望が見えました。

これで，最短15字，最長24字にした。このように短くした方がリズムもよく読みやすくなる。

　次の所見は，初任者の3学期の下書きである。一文が長い。文の中にさまざまな要素を書き込んでいる。何と一文に78文字ある。

> 　人の気付かないところの清掃や，一生懸命踊りを覚え感謝の気持ちを伝えようとした交流会での態度は，積極的に成長しようという態度が見え，今後が楽しみです。

　これでは，わかりにくい。というよりも，この混乱した文を読んだ保護者は，教師の知性を疑うであろう。まさに"我流"そのものであり，稚拙な書き方である。
　改善案を示す。

> 　人の気付かないところを熱心に清掃していました。一生懸命に踊りを覚え，交流会で感謝の気持ちを表しました。何事にも意欲的にかかわろうとしております。今後の成長が楽しみです。

　これで，最短12字，最長29字にした。音読してみてもリズムがあり読みやすくなった。

　所見は，どうしても文が長くなる。ふだんから，文を短くする修業がいる。梶井基次郎の『檸檬』は名文である。その一節を引用する。

> 　その日私はいつになくその店で買物をした。というのはその店には珍しい檸檬が出ていたのだ。檸檬などごくありふれている。がその店というのも見すぼらしくはないまでもただあたりまえの八百屋に過ぎなかっ

たので，それまであまり見かけたことはなかった。いったい私はあの檸檬が好きだ。　　　（梶井基次郎『檸檬・ある心の風景』旺文社文庫，1972年）

文の文字数は，以下のように続いている。
　　20字→23字→14字→61字→15字
　　やや短→やや短→短→長→短
このリズムが心地よく読める秘密なのであろう。
　単に「短→短→短→……」とずっと短ければよいというわけではない。リズムが単調すぎず変化する方が読みやすい。
　こうした優れた文章をたくさん読むと書くリズムを体得できる。

## (2) 言葉の重複
☐　一文中に言葉が重複していないか？
　1つの文に言葉が重複している所見も見受けられる。その実例（下書き）を挙げる。（下線は筆者）

> 朗読は，大きく，聞き取りやすい声で読めていました。

「朗読」とは，声に出して読み上げることをいう。「朗読」の部分を，入れ替えてみる。すると，この文のおかしさがはっきりわかる。

> 声に出して読み上げることは，大きく，聞き取りやすい声で読めていました。

元の文を主語と述語だけの文にしてみる。
　　朗読は，……読めていました。
同じ意味の言葉が重複しているからおかしいのである。「頭が頭痛する」「机上の上に配る」などと同じである。

これは、次のように書けばよい。

> 大きな声で、歯切れよく朗読することができました。

ただし、学習指導要領では、5・6学年で「自分の思いや考えが伝わるように音読や朗読をすること。」と示されている。4学年以下では、「朗読」ではなく「音読」と表記した方がよい。

以下の下書きも言葉が<u>重複</u>している。（下線は筆者）

> <u>配布</u>係として、帰りの会の前に<u>配布</u>物を<u>配る</u>仕事を欠かさずに行いました。

これは、次のように書けばよい。

> 配布係として毎日進んでやり、学級のために貢献できました。

以下の下書きも言葉が重複している。（下線は筆者）

> 授業で<u>わからないことはわからないと正直に言えます</u>。曖昧にせず、問題点を<u>はっきりさせることができます</u>。

この所見は、何か意味があるのだろうか、と悩まされた。明らかに同じ意味の言葉を繰り返しているように読めるからである。

これは、次のように改善させた。

> 授業でわからないことはわからないと正直に言えます。曖昧にせず、問題点をはっきりさせるところがよい点です。

これで，保護者に意味が伝わる所見になったと思う。

現場にいると，この種の重複した言葉を時々聞く。
「先生方の机上の上に置いておきます。」
「黒板に板書しました。」
「ハンコを押印してください。」
思わず失笑するが，所見ではこう書いてはいけない。

## 7 その言葉遣いは間違っている！—「表記便覧」から拾う

☐ 曖昧な言葉・間違えやすい言葉を確かめたか？

曖昧な言葉やうっかりすると間違えてしまう言葉がある。
例えば，次の言葉遣いを正しく判定できるか？
　「成績が良い」か？　「成績がよい」か？
　「よい行い」か？　「良い行い」か？　「善い行い」か？
　「人がよい」か？　「人が好い」か？　「人が良い」か？
これについては，国語辞典や表記ハンドブックなどで調べるとよい。私が今，使っているのは，次の2冊である。いずれも2010年の内閣告示後に改定されている。
『新しい国語表記ハンドブック』（三省堂，2012年）
『記者ハンドブック　新聞用字用語集』（共同通信社，2012年）
上記の『新しい国語表記ハンドブック』には，次のような項目が表紙に書かれている。
◎常用漢字表（総画索引・字訓索引付き）
◎常用漢字の筆順
◎現代仮名遣い
◎送り仮名の付け方
◎表外漢字字体表
◎人名用漢字別表

◎学年別漢字配当表
◎「異字同訓」の漢字の用法
◎同音異義語の使い分け
◎書き間違いやすい漢字
◎公用文作成の要領
◎横書きの場合の書き方
◎外来語の表記（用例集付き）ほか

　廉価で，これだけ収まっているからほぼ万全である。
　また，東京都教育庁指導部から『表記便覧』（平成23年7月7日版）という56ページ分の印刷文書が学校に送られている。これは，学校で書類作成の時に使う言葉が多く，便利である。管理職がチェック用に使っていることが多い。だから，担任の手元まで届いていないかもしれない。
　先の言葉遣いの正解を示すと，以下のようになる。
　　【正解】「成績が良い」
　　【正解】「善い行い」
　　【正解】「人が良い」　　ただし，「お人よし」は平仮名書き。
　「世のため人のために善いことをする」は，このように「善い」と書く。
　「〜してよい」「それでもよい」は，このように平仮名で書く。
　どちらか使い方が紛らわしい場合には，平仮名で表記する。
　この他にも，思い違いしている言葉遣いも予想以上に多い。ぜひ，このような表記のハンドブックや公的文書の便覧を活用されることをお勧めする。
　言葉の使い方の間違いは，多いものである。特に，『表記便覧』によるチェックは欠かせない。

【間違えやすい事例】
　表記の間違いが多い事例を挙げる。

「あいことば」の表記の例

> 「一人はみんなのために。みんなは一人のために」の合言葉で頑張りました。

これは，下の「合い言葉」が正しい表記である。

> 「一人はみんなのために。みんなは一人のために」の合い言葉で頑張りました。

「あたたかい」は「暖かい」か「温かい」か？

> 「わたしの家族」の作文では，暖かい家族の様子が伝わってきました。

これは，下の「温かい」が正しい表記である。

> 「わたしの家族」の作文では，温かい家族の様子が伝わってきました。

「いし」は「意思」か「意志」か？

> 目標まで努力してやりとげ，意思の強さを見せました。

これは，下の「意志」が正しい表記である。

> 目標まで努力してやりとげ，意志の強さを見せました。

「おさめる」は「修める」か「収める」か？

> 根気よく努力を積み重ねてよい成果を修めました。

これは，下の「収めました」が正しい表記である。

> 根気よく努力を積み重ねてよい成果を収めました。

挨拶は「今日は。」か「こんにちは。」か？

> 高齢者との交流会では「今日は。」と元気に声をかけて，楽しそうに会話を始めました。

挨拶は，「こんにちは。」が正しい。

> 高齢者との交流会では「こんにちは。」と元気に声をかけて，楽しそうに会話を始めました。

「今日の教育問題は，～。」という場合に，「今日」と表記する。

「成長」か「生長」か？

> ヘチマの成長のようすを数値で表して，きめ細かな観察をしていました。

これは，「生長」が正しい。植物観察で使う言葉である。

> へチマの生長のようすを数値で表して，きめ細かな観察をしていました。

植物以外の場合に「成長」と表記する。

これらは，表記ハンドブックや表記便覧を開いてセルフチェックすればはっきりする。

## 8 「保護者の目」で読み返す

☐ 保護者が納得できる表現か？

所見を書く時，教師の頭の中には，次のような観念がずっとつきまとう。

> 自分（教師）が，納得する文章を書く。

はっきり言うと，この考えは間違っている。

通知表の所見を書く心構えは，今一度改めて確認しよう。それは次の通りである。

> 読む側（保護者）にとってわかりやすい文章を書く。

これは，保護者が納得できる文章を書く，ということを意味する。所見の巧拙は，この認識の違いに尽きる。

次の所見（下書き）があった。これは，保護者が納得できるか？

> 友達と接する時に，自分の考えや思ったことを言えました。ただ，給食の時間に自分の考えを通そうとして友達とうまくいかないことがあり

> ました。自分の意見を言うだけでなく，他の人の意見も聞けると，友達
> 関係がよくなると思います。

　これは，教師自身が納得のいく表現かもしれない。
　しかし，これを読む保護者の胸中は穏やかでない。次のような気持ちになるであろう。
・「うまくいかないこと」は，しょっちゅうあるのか？
・うちの子は，いつも「他の人の意見」を聞けないのか？
・「他の人の意見」を聞けるようになるには，親はどうしたらよいの？

> 　自己主張がはっきり言えるところが長所です。ただ，たまに自分の意見を通そうとして友達と言い争ったことがありました。成長の過程ではありがちなことです。これをきっかけに相手の言い分もよく聞き自分の主張も言うということを少しずつ学んでいます。

　このように書くと，保護者は理解できるし，安心もするであろう。

　他にも保護者が納得できない記述がある。それは，以下のような所見である。
・マイナス面の行動が1回あっただけで評価してはならない。
　〈例〉　忘れ物が1回あった。→「忘れ物が多い。」と書いた。
・ピアノや水泳等習っていて技能が高い（と思っている）子への評価は慎重にする。
　〈例〉　音楽の評価項目の4観点のうち「歌う」だけが「できる（おおむね達成している）」だった。（保護者から「うちの子のどこが足りなかったのですか？」と問い合わせがあった。）
　〈例〉　体育の評価項目の4観点のうち，スイミングに通って選手として大会に出ている子の1学期の評価が「できる（おおむね達成している）」

だった。（やはり保護者から連絡があった。）
　このようなことは表現の問題ではないが，案外多い。その多くは，教師だけが納得して示していることに原因がある。保護者に対して説明不足なのだ。教師が客観的で妥当な評価方法を示し，保護者が納得できるように説明し理解してもらっておくことが肝心である。

## 9　提出前に見直しを─「一人ブレーンストーミング」

□　一日置いて見直したか？

　一日置いて自分の文章を見直す。自分をモニターする方法の一つである。
　これを，池上彰さんは「『自分の中にもう一人の自分』をもつとよい」（前掲『伝える力』）という。これは，独りよがりにならないようにするための方法である。
　教師は，忙しい。せめて所見を完成したら一日置いて改めて読み直すとよい。自分でこれをやれば，書いている時には気付かなかったことに気付く。
・誤字脱字がある。
・文がわかりにくい。
・論理が通らない。
　池上氏は，「一人ツッコミ」または「一人ブレーンストーミング」と呼んでいる。「自分の中にもう一人の自分」を育てるというのである。
　人に文章を見てもらった時に，赤ペンだらけになる人がいる。はっきり言ってそういう人は，かなり書く力が足りない。提出前に「一人ツッコミ」をやると，かなり基本的なミスが減るはずだ。
　ぜひ，お勧めしたい方法である。

□　読み合わせまたは音読してみたか？

　学年複数の学級ならば，お互いに「読み合わせ」をするとよい。
　特に若手の先生は，先輩の先生に読んでもらうとよい。そして，先輩の先生の所見を見せてもらうとよい。

前述のように初任者の指導教員になっているベテラン先生は，「これ，何を言いたいの？」と尋ね，その答えに応じて代案を話してやる，という。添削をしてもやたらに時間がかかって無駄だ，というのだ。変な文を直そうとしても変な書きぶりは残る。確かにその通りだ。このやり方はよいと思った。
　単学級のため，それができない場合には，「音読」してみるとよい。これは，かなり効果がある。どんなことに気付くか，列挙してみる。
・一文が長い。
・読みにくい箇所がある。（文のリズムがない。）
・表現が回りくどい。
　「音読」によって，自分が書いた文をモニターして書き改める。その後に管理職に提出する。これをやり遂げると，書き終えた充実感はだいぶ違ったものになると思う。

## 10　添削後の始末をつける

□　添削された箇所以外も見直したか？

　下書きを管理職に提出した，その後のことである。
　昔から「一を知って十を知れ」という言葉がある。この問題である。
　管理職は，狭いスペースに代案を書くこともある。それを返されると，直された部分しか直さない人が多い。そうなると本人と管理職の下書きは何度も往復することになってしまう。添削されたら，「他にも同じ誤りがあるかもしれない」と受けとめてほしいのだが……。
　1か所言葉を変えると，文がおかしくなることもある。1か所訂正されたら，改めて書き直す方がよい。次の「〜ようです」について，である。（下線は筆者）

------------------------------------------------
　普段とは違う友達と関わることに少しためらいがあったようです。
------------------------------------------------

　次のように厳重に注意したつもりであった。

> 使用禁止！　「～ようです」と他人事のように書かないこと！

　２回目の提出を見たら，まだ直されていなかった。この他に３人も「～ようです」がまだ使われていた。こういうことをやってはいけない。

　ここで，所見について，改めて確認しておきたい。

> 　所見は，担任の責任で書くものである。

　中には，管理職に直された通りに書き改めればよいと誤解している先生もいる。これは，全くの誤解である。管理職は，書いた文に沿って（沿わざるを得なくて）添削しているにすぎない。（「自分ならこのような書き方をしないが……」と思いつつ……。）
　だから，添削してもどうも変な文になることが多い。「あとは自分でもう一度考え直して書いてほしい」というのが添削する側のホンネである。「添削したとおりに直せばよい」という考えは，止した方がよい。

　以上のようなセルフチェック法を行って，保護者が納得する根拠ある書き方をしよう。
　所見は，担任の責任で書くものである。

## 第4章 「教師目線」で書く所見
## ——さすがプロと言われる勘所

### 1 「所見」は一大事

　所見とは，「見た事柄，結果について判断や意見を示すこと」である。
　一般的には，例えば，次のように使われる。
「医師の所見によれば，児童の高熱は扁桃腺の腫れによるものであった。」
　医師は，児童の診察に際し，問診し，聴診器をあてる等，触診をする。さらに必要に応じて検査をすることもある。その結果で診断を示す。つまり，根拠を揃えて判断を示す。
　このように，あることについての意見なり考えを述べるのが所見である。
　学校の所見も同じである。医師の「問診」「触診」「検査」と同様，根拠を示した所見が望まれる。
　しかし，最近は，根拠を述べるだけで終わっている所見（？）が存在する。驚くべきことに，担任に「判断や意見を書くな」と指導する校長もいる，と聞く。それは，所見の字義からいっても明らかに間違っている。
　「所見」の根拠となる事項をはっきりさせよう。

---
① 教科の成績の結果
② 日常生活の記録
③ 行動の記録・様子
---

　これを，担任教師が保護者に通知するために作成する。
　根拠のない所見があってはならない。もし，医師の診断が間違いだったら，命に関わる。その点，教師の所見はずっと甘い。

通知表の所見は一大事と心得るべきである。所見によっては，子どもが将来に希望を抱くことも，落胆することもある。この影響は深く，責任は重い。

## 2　言葉遣いが正しくない所見―「お友達目線」

言葉遣いが誤っている所見の例を挙げ，その理由を示す。

### (1)　「～くれています」

最近，特に初心者に目立つのが，「～くれています」という言葉遣いである。例を挙げる。（下線は筆者）

> 学習面では，漢字の宿題をやり出して<u>くれています</u>。

また，次の「くれました」もおかしな表現である。

> 黒板係として，授業が終わるたびに黒板をきれいにして<u>くれました</u>。そのおかげで子どもたちが見やすい板書ができました。

この例だと，子どもは教師のために係（当番）活動をしていることになる。そもそも「くれる（呉れる）」というのは，同格の親しい間柄で使う「敬意表現」（国語審議会，2000年）の一つで，「恩恵」を示す言葉である。教師が子どもに対して使えない言葉遣いなのである。名付けて**「お友達目線」**の表現である。

### (2)　「仕事」「働く」

行動の記録を述べた文に，「仕事」や「働く」という言葉が目立つ。その例を挙げる。（下線は筆者）

> お手伝い係としての<u>仕事</u>も積極的に取り組んでおり皆のためにとても

> よく<u>働いています</u>。

　一般に、「仕事」「働く」という行動は、大人の職業行為を示す言葉である。この文は、「仕事」を「活動」に、「働いています」を「貢献しています」に訂正させた。

## 3　具体性が乏しい所見―「お役所目線」

　具体性が乏しい所見の例を挙げ、その理由を述べる。

### (1)　「取り組む」

　「取り組む」という言葉も安易に使われている。A先生は、37名中14名に使っていた。B先生は、25名中12名に使っていた。その例を挙げる。(下線は筆者)

> 何事にも丁寧に<u>取り組む</u>姿勢は素晴らしいです。

　これでは、メッセージが何もないに等しい。丁寧に取り組んでいるその場面の具体的な描写の文が必要なのである。

### (2)　「成果」

　「成果」とは、あることを行うことによって得られた結果である。これも間違って使われる例がある。その例を挙げる。(下線は筆者)

> 学習面では、宿題も提出し、よい<u>成果</u>を挙げています。

　宿題の提出がもたらした「成果」とはどのようなことか？　これについては何も書かれていなかった。この言葉を使っているところに無理がある。
　以上の例文は、安易に使いがちである。具体性に欠けるため、いくらほめ

ちぎっても保護者にはピンとこない所見である。
　中身のない上辺だけの言葉遣いなので，**「お役所目線」**の表現である。

## 4　傍観者のような所見―「レポーター目線」

### (1)　「～ようです」
　「～ようです」という表現も安易に使われる。その例を挙げる。(下線は筆者)

> 　給食の時間には，食事の雰囲気を味わいながら食べている<u>ようです。</u>

　教師は，実際に教室にいて目の前で見ているはずである。「食べているようです。」では，他の人から様子を聞いたり遠方のカメラ画像等で見たりした述べ方である。これは「食べていました。」と表記すべきである。

### (2)　「がんばってください」
　所見を，子ども向けに述べる所見もしばしば見受ける。その例を挙げる。(下線は筆者)

> 　２学期は学習の準備がしっかりできるように<u>がんばってください。</u>

　「がんばってください」というのは，子どもに向けた言葉である。保護者に向けたとしたら失礼な文である
　また，教師の仕事は，応援するというレベルであってはいけない。保護者からすれば，「がんばってください」の言葉からは無責任な感じを受ける。
　これは，「指導に力を入れます」と改めさせた。

### (3)　「印象的です」
　「印象的です」(あるいは「印象に残ります」)も多く目にする。その例を挙げる。(下線は筆者)

> 運動会では，短距離走・綱引きにがんばり，大きな声で声援している姿が<u>印象的です</u>。

　これも，傍観者的というか，テレビのレポーターの言い方である。これを名付けて「**レポーター目線**」である。

## 5　「教師目線」の所見

　保護者に力強いメッセージとなる所見を書くようにしたい。名付けて「**教師目線**」の所見である。
　次は，子どもの学習活動を描写し，その行動を上位概念の言葉でまとめた所見である。（担任時代の所見を再掲）

> 　理科の「じしゃくにつけよう」という学習の時，自由に磁石を使わせたところ，「じしゃくがおれたら，どうなるか？」という疑問を思いつきました。それが，学級全体の学習課題になりました。物事や現象に関心をもっていて，自分で考えることが大好きです。こういう面が伸ばしたいところです。

　これは，次のようなつくりの文になっている。
「描写の文(a1)」＝理科の「じしゃくにつけよう」という学習の時，……を
　　　　　　　　　思いつきました。
「描写の文(a2)」＝それが，学級全体の学習課題になりました。
「評価の文(A)」　＝物事や現象に関心をもっていて，……伸ばしたいところ
　　　　　　　　　です。

　授業場面での子どもの事実を描写し，「物事や現象に関心をもっていて，自分で考えること」についての評価の言葉で結んでいる。これならば，保護者に届くであろう。

## 6 保護者に伝わる所見を

### (1) 長所を書けばよいのか―「リップサービス」は罪

「所見には,長所を書け」という指導を受ける。

そのためか,例えば,こういう下書きがあった。

> 授業内容を理解するのも早く,宿題も必ず提出し,素晴らしいです。(略)

これを読むと,学習の評定もさぞかしよいと思う。

しかし,一覧表を見たらまるで違っていた。次のようになっていた。

| 教科 | 観　点 | よくできる | できる | もう少し |
|---|---|---|---|---|
| 国語 | 進んで話したり,書いたり,読書したりしようとする。(関心・意欲・態度) | | ○ | |
| | 筋道を立てて話したり,話の中心に気をつけて聞いたりすることができる。 | | ○ | |
| | 調べたことなどが伝わるように段落のつながりを考えて,文章を書くことができる。 | | | ○ |
| | 内容の中心や段落のつながりを考えて,読むことができる。 | | ○ | |
| | 文字・言語・言葉づかいなどについて正しく理解し,書くことができる。 | | | ○ |

これには,驚かされた。

国語の観点別３段階の評定では,５項目中「もうすこし(基準に達しない)＝Ｃ」が２つもある。残りの３項目は「できる(概ね達している)＝Ｂ」であった。「十分に達している＝Ａ」はゼロであった。

一瞬,他の子と間違えたのかと目を疑った。「素晴らしい」というよりもむしろ,この所見にはよい点を描写し課題を示し,励ます言葉を書く必要がある。

「素晴らしい」とは,「大変見事である」ことを指す。達成基準を十分に達した場合,つまりオールＡの子どもに対して「それでもなおほめ足りない」ほど「素晴らしい」場合に使うべき言葉である。

「長所を書く」といっても，これではただのリップサービスである。教師の誠意が感じられない。さらに，先々に禍根をもたらしかねない怖い所見でもある。保護者がこの所見だけを信じたら大変である。子どもの現実に気付かないまま進級・進学してしまうからである。

子ども・保護者に誤解を与える根拠のないリップサービスは絶対にしてはいけない。

もちろん，この所見は，書き改めてもらった。

### (2) リズムのある文体

読みにくい所見には，リズム感が欠如している。

では，どうしたらリズム感のある文章が書けるのか？

まず，リズム感のある文章を多く読むことだ。リズムのある文体だと知性を感じさせる。私は，次のリズム感のあるノンフィクションの文体に引き込まれた。その一部を示す。

> 小泉は，タラップの上に姿を現した。眉間にしわを寄せ，口を真一文字に結びながら，ゆっくりと降りた。
> 日本の首相が，はじめて北朝鮮を訪問した瞬間だった。
> 　　　　　（船橋洋一『ザ・ペニンシュラ・クエスチョン　上』朝日文庫，2011年）

これは，朝日新聞社元主筆・船橋洋一の文章の一部である。(書名の意味は「朝鮮半島問題」) インタビューを基にした文章である。人物を活写しリズムも優れている。

次は，翻訳の優れた文体である。アメリカ合衆国稀代のコラムニスト，1947年生まれのボブ・グリーンの文体である。電話取材をしたボクシングヘビー級元チャンピオン・モハメド・アリの声を描写し，分析している。これは，原文も翻訳者・井上一馬の文も優れている。

> 驚いたのはその声だった。
> 「で、いくら払うんだ？」
> ザラザラした、聞きとりにくい、ほとんどささやくような声だった。
> （ボブ・グリーン　井上一馬訳『チーズバーガーズ①』文春文庫、1993年）

英語の原文を示す。

It was the voice that was shocking:

"How much you going to pay me?"

The voice was slurry, blurred, almost a whisper.

(Bob Greene "Cheeseburgers" 講談社英語文庫、1989年)

ボブ・グリーンの英語原文もリズムがある。ほとんど直訳であるが、リズムのある見事な日本語の文体に変換している。そして無駄もない。

所見でもリズム（内旋律）というものは重要である。教師も教育のプロである。所見という限られたスペースに、いかに子どもの姿を活写しリズムのある文体を書くかが勝負である。

まずは、多くの本を読んで優れた書き手に学ぶことが大切である。

プロの小説家は、先達の小説家の文章から学んでいる。例えば、直木賞作家の浅田次郎は、「面白い小説は声に出して読み、それでは飽き足らず、原稿用紙に書き写した。さらには、『こうした方がもっと面白い』と原作を改ざんするようになった」というからすごい。（浅田次郎『君は嘘つきだから、小説家にでもなればいい』文芸春秋、2011年）

## (3) 鋭い、スキのない言葉の選択

どちらともとれる表現がある。無造作に言葉を使っているからである。スキのない言葉を選ぶことが大切である。

次の下書きは、無造作に言葉を使っているため保護者が迷ってしまう例である。

> 　マイペースで、たまに授業の内容を聞きのがしてしまうこともありますが、何事にも丁寧に取り組む姿勢は素晴らしく、今後に期待しています。

　これを読むと、この子の授業中の姿が混乱してしまう。
「授業の内容を聞きのがす」事実
「何事も丁寧に取り組む」事実
　これが、一体なぜ結びつくというのか？　文末が「今後に期待しています」とあるから、結局、「授業の内容を聞きのが」すことを伝えたいのか？　紛らわしい表現である。そういう矛盾があり、スキのある文になっている。
　所見には、スキが生じない言葉を選ぶ必要がある。それには、子どもの活動を正確に描写して、それと結びつく言葉でまとめることが大切である。
　以下の改善例を考えてみた。

> 　常に自分のペースで丁寧に活動していました。意欲を持続する力があります。ただ、夢中になって話を聞き逃してしまうことがありました。これをうまく克服すれば、今後もっと伸びると思います。

　これならば、保護者も「そうなのか。」と思うのではないだろうか。
　保護者にとって、わが子の姿が生き生きと伝わる所見ならば納得がいく。それは、一言でいえば「臨場感」のある所見のことである。

## 7　児童・保護者から信頼される教師の所見の秘密

### (1)　「つかみ」がある所見

　通知表の所見を読み飛ばす保護者が多いという。それを聞くと教師側からすれば、「あんなに苦労したのに」と悔しい思いがする。
　しかし、悔しがる前に、受け取る側に立ってみよう。

水谷豊主演のテレビ番組「相棒」でも、「何だ？　これが、この先どうなるんだ？」という場面から始まる。「つかみ」に力を注いでいる。

　落語でも「マクラ」がある。現代世相を取り上げて、ちょっと異なる角度から面白おかしく語って、客を笑いで巻き込む。そして、それとつながる噺に入っていく。

　所見でも保護者が読みたくなる工夫がいる。そのコツの一つが「つかみ」である。これを意識して書く。
　次は、「つかみ」の乏しい所見（下書き。名前は仮名）である。

> 　クラスの係では新聞係をしています。いつでも笑顔で「先生、校正をお願いします！」と声をかけて新聞記事を差し出す里佳さんの姿は、クラスの仲間たちも影響されています。また常に丁寧に、きっちりとした字の書き方、ノートの取り方は、1学期よりもさらに充実しています。

　この所見の前半には、具体的な子どもの行動の描写（会話）がある。しかし、限られたスペースなのに重複した言葉もあって惜しい文である。保護者からすれば、ほめられて悪い気はしない引き込まれるところまでいかない所見である。言わば「つかみ」の弱い文である。
　「つかみ」のある一般的な書き方を列挙してみると、次の4点がある。
・わざと反対のことを書く
・時系列を逆転させて書く
・意外な内容を書く
・インパクトのある書き出しをする
　限られたスペースでの「つかみ」は、なかなか難しいかもしれない。しかし、「インパクトのある書き出しをする」とか「意外な内容を書く」ことならばできる。これなら、「つかみ」に成功する。
　次のように書き改めると、俄然引き込まれ、読んで嬉しくなる所見である。

> 「先生，校正をお願いします！」と笑顔で勢いよく声をかけて新聞係の活動をしています。このような毎日の行動がクラスによい影響を与えています。ノートには論理的でしっかりした考えを丁寧に書いています。こういうところに着々と力をつけている源があります。

　この子のさりげない自然行動は，実はすでに身に付いているものである。それが学級によい影響を与えているというところを洞察する教師の目が素晴らしい。この所見を読んだ保護者は，「先生は親が気付かないところまで見てくれている。見えないところにも目配りが行き届いている」という思いになる。所見には単に事実だけを書けばよいのではないという好例である。
　このような「つかみ」を意識した書き方をすれば，保護者から読み飛ばされることはない。むしろ何度も読みたくなるであろう。

## (2) 「愛」がある言葉遣い

　通知表の所見に「愛」があるかどうかは，心の底から「子どもの力を何とか伸ばしたい」という思いがあるかどうかに尽きる。しかし，その思いをもって努力していたとして，表現の仕方によって「愛」は伝わらないことがある。つまり，伝わる「愛」と伝わらない「愛」がある。
　向山洋一氏は，「教育の方針」として，次のどちらかの方法を一つとるべきだと述べている。

> 　次のやり方の，どちらが正しく，どちらがまちがいだろうか。
> 1　良いところを伸ばす。
> 2　欠点を直す。　　　　　　　（向山洋一『学級経営の急所』明治図書）

　これは，「良いところを伸ばす」が正しい，という。
　人間とは，不思議なもので「良いところ」を認められ，ほめられると，さ

らに努力する。どんどん伸びる。そして,「よいところが伸びた結果」として,それまでの「欠点」も,少しずつなくなっていく,というのである。
　反対に「欠点を直すように言われる」と,気力が減じる。努力してみても,人並み程度までしか伸びない。むしろ欠点を言う人を憎むことさえある。
　「欠点を直す」ことは,本当のところは大変なことで,結果は反対になることが多い。
　世の中,「良いところを伸ばす」方がよい結果をもたらす例の方が多い。

　最近では,プロ野球北海道日本ハムの栗山監督の例がある。
　2012年のプロ野球日本ハムは,ダルビッシュという主力投手がアメリカのメジャーリーグに移籍してチーム力がダウンしたから優勝は無理だ,という評価であった。それどころか,Bクラス(4位以下)というのがもっぱらの評価であった。しかし,この年に赴任した栗山英樹氏が監督になってチームを率いたらリーグ優勝した。低迷していた若い選手が活躍した結果の優勝であった。打者中田翔選手(23歳)をずっと4番打者として使い続け,打率は2割3分9厘と低いものの打点77,本塁打24とまずまずの成績を引き出した。また,投手吉川光夫選手(24歳)は,過去3年間0勝で防御率も4〜6点と悪かった。しかし,この年は,14勝5敗,防御率1.71という驚異的な結果を出した。いきなりエースになった。
　栗山監督は,情熱的に語り選手の話をよく聞く人だ,という。こうした「人心掌握術」が素晴らしい結果をもたらしたのである。
　栗山氏は,東京学芸大学出身であり,「教育」については他の監督よりも優れた見識があるのではないだろうか。現役時代は身体の故障もあって早く引退した。苦労も経験した。このような器量のもち主であるから,選手たちにやる気をもたせ,よい結果を引き出したのである。若い世代の選手たちに自信をつけたことで,チームの将来にも大きな影響を与えることができた。
　栗山監督の指導は,「欠点を直す」のではなく,「良いところを伸ばす」方法で一貫していた。こういうメッセージの伝え方に,選手たちは「愛」を感

じ取ったに違いない。

　教師はもちろん，世の指導者や経営者もこれを肝に銘ずべきである。

　相手が若ければ若いほど，幼ければ幼いほど，「愛」は大きな影響を与える。

　「愛」がある言葉遣いが人（子ども）を伸ばす。これは，教育に携わる者にとって，基本中の基本である。

### (3) 「意外性」は効果絶大

　本人も保護者も「意外」と感じる所見は，時には必要である。そのためには，視点を多くして子どもの行動記録をストックしておく。その引き出しを多くしておくのである。それをどういう形で表現するか？　これは，一種の戦略でもある。

　「意外性」が必要なのは，よくても悪くてもレッテルが貼られやすい子である。子どもの今後の行動によい変化をもたらすという戦略で所見を書くのである。

　私は，あえて目立たない子やよく叱られる子については，気を付けて見るようにしていた。そして，個人面談の時には意外性のあるよい面をほめた。思わず母親は，「えっ？　そうですか!?」と驚いていた。

　私が担任した３年生のＫＧ男は，大人しいタイプで当初は目立たなかった。ところが，授業中に「はてな？」帳という日記で面白い発表をしたことがきっかけでクラスの人気者になった。

　この子の所見には，そのことが書いてある。

---

　鉛筆の持ち方を直すように指導していますので，前よりは少し字がうまくなりつつあります。社会や理科の学習から「はてな？」と思うことを，みんなの前で発表して学習課題を追究・発展させました。このような追究する心を今後も伸ばしていってほしいです。

この子には,きっと「面白い!」と思うようになったターニングポイントがあったに違いない。表情も明るくなり,毎日「はてな?」帳で発展的な問題を調べて書くようになり,発言するようになるなど積極的になった。

もう一人,MH男は,大変しっかりしていた。いわゆるよい子である。しかし,私は,もう少し伸び伸びさせたいと考えていた。元気いっぱいに行動してたまには叱られることもあった方がバランスよい子になると思うからだ。この子は,交通事故で一時入院したが,幸い早く退院した。

> 1週間ほど休んだ時を除いて,時にはやんちゃな面も発揮して元気いっぱいに過ごしました。友達との交流が広がってきました。学習面では,論理的に考えることができるので短時間で正確に理解できます。人の話を聞く時の集中力は抜群でした。

この子は,教室がざわついている時でも,話が聞ける。

反対に,叱られることが多い子には,できるだけほめることが大切だ。これもバランスをよくするためである。

AY男は,反射的に動き回ることが多く,しばしば叱ることがあった。ただ,人のよさがあった。頼まれるといやな顔せずにやる。教師の話にすぐ反応する。

次の所見がそうである。

> 1年間を通じて学習の発言が多かったです。以前に比べ,問いに合った受け答えができるようになり,発言の内容に進歩がみられました。頼まれた事を嫌がらずにやり,みんなのために役立ちました。友達とは,活発に遊び十分に楽しんでいました。

「誰かやってくれる人?」と言うと,すぐに「はい! やります。」と言ってくる。発問すると間髪を入れず(考えてなくても)挙手をする。思い出す

と微笑みを禁じ得ない子であった。

　子どもは，学校では家庭と違う面を出す。それは，意識している面と無意識の面の両面ともある。本人も保護者も気付かない面を見るのがプロだと思う。見かけどおりや見たまま書くのなら，素人でもできる。

　意外性のある所見で，子どもが変わることがある。それを有効に使うのである。

## 8　マイナス面をプラス面に変換して伝える

　通知表には，よいところを書くのが大前提である。
　しかし，どうしてもマイナス面を書かなければならないこともあるであろう。その場合には，解決の方向を書かなければならない。そのポイントは，次のことに尽きる。

---
　　マイナス面を目標となる言葉に変換する。

---

　子どものマイナス面をどう伝えたらよいか？
　これが苦手な人が多い。中には，長所を書かなければならないという思いから，「おだて」を書く人もいる。それはやってはならない。誤解を招きかねないからである。
　マイナス面を書く場合には，その効果を考え，慎重に言葉を選ぶ必要がある。
　さしずめ，以下のようなことは書いてはいけない。
・人権上問題になること
・本人または家族では解決できないこと
・学校生活とは無関係なこと
・無理な要求
・曖昧なこと
　マイナス面については，担任に責任があるように書く。あるいは，保護者

に協力を請うような書き方にすべきである。保護者に丸投げするような書き方であってはならない。

　例えば，実態に対して，どんな言葉で伝えたらよいか？　以下，列挙する。
　（▲＝実態の例）　　　（◎＝望ましい書き方の例）
　▲発言が少ない　　　◎人の話をよく聞いてよく理解しています。今後は発表することにも力を入れて指導していきます。
　▲落ち着きがない　　◎好奇心が旺盛で素早く行動できます。あわてないように声をかけていきます。
　▲音読ができない　　◎音読に一層磨きをかけていきたいと思います。
　▲漢字を覚えない　　◎漢字の読み書きに今後も努力をさせていきます。
　▲計算ができない　　◎計算のつまずきをなくすよう力を入れて指導していきます。
　▲忘れ物が多い　　　◎学習の準備がしっかりできるようになればぐんと伸びます。
　▲反抗的だ　　　　　◎自分の意見をもっています。さらに他の人の意見を十分理解して発言できるよう指導していきます。

　マイナス状況をそのまま書いても，何をどうしたらよいかわからない。オブラートに包めということではない。マイナス面をそのまま書いてもよい結果が生まれないということだ。「〜しない」というのは，所詮目標にはならない。

　「ほめて伸ばす通知表」が大前提である。マイナス面を書く場合には，それを克服する方向，つまり目標を書け，ということである。それが，マイナス面をプラス面に変換するコツである。

# 第5章 教師の人格が疑われる書き方

## 1　人権感覚が疑われる書き方

「人権」については，どんな教育活動の場面でも配慮しなければならない。学校では，定期的に研修しているのだが，教師の人権感覚はまだまだ油断ならない。

以下は，数年前に見た所見である。

まず，次のような所見（下書き）に出くわした。

> 2学期には，泳力の向上に向けて頑張ってもらいたいと思います。

これが，なぜ問題なのか？

この子は，下肢が不自由で，車いすで移動している。体育の中で，水泳はハンディが少なくしかも好んでやっており，むしろ大いにほめてよい。それなのに，この言葉は酷である。むしろこの子が参加している点を高く評価をすべきである。

別の年には，次の所見（下書き）に出くわした。（下線は筆者）

> 幼稚園との交流集会では，<u>不自由な手を感じさせない</u>一生懸命な踊りで，心をこめた会にしようと貢献する姿が素晴らしい。

この子は，生まれつき手が変形している。「不自由な手を感じさせない」というこの言葉は，本人も保護者も十分認識している。わざわざ担任が書か

なくてもよい。全く無用な一言であり，保護者と児童を傷つける恐れがある言葉である。人権感覚が疑われる書き方である。

　以上の2つの所見の下書きは，人権について指導した後，書き改めさせた。この他にも，気を付けなければならない例を，以下に挙げておく。
「のろま」「ぐず」
「女の子らしい」「男らしい」
「問題児」
「おっちょこちょい」
「頭でっかち」
「お節介」
「どもる」
「チビ」「デブ」
「ボス」
「自閉症」等
　これらの言葉を使ってはならない。人権を侵す言葉だからである。
　教師の人格まで疑われるので，十分に気を付けたい。

## 2　保護者に届かない書き方

　保護者に届かない所見がある。先に，所見には「取材」「構成」「表現力」が必要だと書いた。このどれかが欠けて不十分なのか，あるいは全部が不十分なのだと思う。
　文章上は，誤字脱字もなく意味が通っているのに保護者に届かない所見がある。つまり，中身がない根拠があやふやな所見のことである。これに早く気付かないと，いつまでもよい所見の書き手にはならない。
　以下のような所見（下書き）がそうである。

------------------------------------------------
　　学習面では，しっかり授業をよく聞き，積極的に発表する姿勢は，と

> ても素晴らしいです。代表委員として活動したり，クラブ活動ではみんなのことを考えて行動できました。

　これは，保護者から見ると，ほめられているから悪い気がしないが，何だかよくわからない所見である。
　「しっかり授業をよく聞き」　どのように聞いているのか，わからない。
　「積極的に発表する姿勢」　どのようなことを発表したのか，わからない。
　「活動した」　どんな活動をしたのか？
　「みんなのことを考えて行動」　みんなのためにどのようなことをしたのか？
　これらが，具体的には何も書かれていない。行動の事実が何も描写されていない。どうも様子を思い浮かべることができないのである。まるで「臨場感」のない書き方なのである。これでは，保護者には届かない。
　学校あるいは教室という現場で格闘していない小手先の所見である。ほめて意味が通ればよいというのは料簡違いというものである。
　学校現場には，音・声・色・匂い・手触り・空気といったものがある。これを五感で感じる。こうした感覚をもって取材しなければならない。結局，こうした「取材」記録がないから思いつきの印象だけの所見を書くしかなくなるのである。これでは保護者に届かない。
　これは，取材も構想も表現もどれも不十分な所見であった。「この先生は，何だ？」と思われても仕方のない記述である。
　この所見は，書き直しである。

## 3　品性に欠ける書き方―「体言止め」

　所見に限らず文章を書く時には，安易に「体言止め」を用いない方がよい。「体言止め」あるいは「中止形」は，読み手に軽薄な印象を与える。
　これは，新聞で発達した形式だといわれる。狭い紙面に記事を押し込むためである。これは，各新聞社で頻繁に見られる書き方である。

第5章　教師の人格が疑われる書き方　121

例えば、次のように記事に「体言止め」が見られる。

> 　カーシェアリングは15分や30分といった短い時間だけ車を使いたいという人が、既存のレンタカーサービスよりも安く利用できる点が特徴。ガソリン代を負担しているサービス業者も多く、この点でもレンタカーより割安になり、利用者が徐々に増えている。(略)
> 　約10店舗でラクモのサービスを開始、順次全国に広げる。料金は地域などによって異なるが1時間あたり1000円前後にする見通し。
> (日本経済新聞,2012年7月25日付「トヨタ,カーシェア参入」の見出し記事から)

文豪あるいは第一級の文筆家は、体言止めの書き方をしていない。
先生たちの所見に頻繁に見られるのは、次のような例である。(児童名は仮名)

> 　優しく明るい佳奈さん。友達が困っていると、声をかけて励ましています。

> 　元気で優しい健也君。休み時間になると外で友達と元気に遊んでいます。

どちらも1文と2文で、ほぼ同じ内容を述べている。
読み手としては、「優しく明るい佳奈さん」または「元気で優しい健也君」が、その人柄を生かして、一体何を成し遂げたのだろう、と期待する。しかし、そんなことは全く書かれていなかった。
どちらの所見も最初の一文はなくてもよい。驚くほど劇的なことがあったのならともかく、ない限りは、この体言止めは控えた方がよい。

今，テレビのニュースでも，毎日頻繁に「体言止め」の言葉を耳にする。特に，映像を流しているバックの読み手が，「体言止め」や「断定調」（だ・である文体）で伝えることが大変多い。ただし，さすがに顔出しのキャスターやアナウンサーは，「です・ます」文体で伝えている。

これには，理由が3つある，という。

（加藤昌男『テレビの日本語』岩波新書，2012年7月）

1つ目　キャスターとナレーターという役割分担
2つ目　演出上の事情
3つ目　単なる流行

加藤昌男氏は「事実を客観的に提示するニュースに適した文体かどうかは疑問だ。」という。そして，検証が不十分のまま広がっている，と指摘している。

これは，饒舌なメディアと化したテレビの派手な口調と字幕の影響であろう。中身が薄いのに，刺激的かつ扇情的な言葉を乱発している。一言で言えば，いわゆる「品性」がないのである。

以前は，ニュースの伝え方として「だれでも一度で聞いてわかる」言葉遣いを追究してきた。そのニュースのよい文体が消えつつある。（しかも無自覚なので怖い。）

教師には，単なる流行等に流されることなく，中身で読ませる文を書いてほしい。所見では，品のある言葉遣いをするべきである。

## 4　「ら抜き言葉」

「れる」「られる」の使い方がずっと以前から問題になっている。いわゆる「ら抜き言葉」の問題である。

例えば次のような表現である。（下線部）

「お肉が食べれてうれしかった。」

「来年の甲子園大会に出れるようにがんばります。」

「ら抜き言葉」が問題になる例は，次の通りである。

> 見れる，起きれる，来れる，着れる，食べれる，信じれる，覚えれる，……

これらは，「可能」の意味で使う時に限って問題になる。

その代表は，「見れる」「来れる」である。これらの言葉は，今ではかなり広く使われている。ただし，アナウンサーは，「ら抜き言葉」を使わないことになっている。学校でも「ら抜き言葉」を使うと直させている。

その見分け方がある。（Yahoo! 知恵袋から）

《見分け方の例》
喋る　⇒喋ろう　　　「ろう」になる言葉では「ら」が不要＝「喋れる」
食べる⇒食べよう　　「よう」になる言葉では「ら」が必要＝「食べられる」

① 「ろう」になる言葉の例
　　やる　　⇒やろう　やれる
　　帰る　　⇒帰ろう　帰れる
　　変わる　⇒変わろう　変われる
② 「よう」になる言葉の例
　　教える⇒教えよう　教えられる
　　来る　⇒来よう　　来られる
　　変える⇒変えよう　変えられる
　　着る　⇒着よう　　着られる

ただし，「着る」は微妙である。「この服まだ着られる？」「この服まだ着れる？」どちらも「可能」の意味であり迷う。また，「見れる」も，総理府の調査（1992年）では6割近く許容する人がいる。それだけに使い方には気を付けなければならない。

学校では,「ら抜き言葉」を使わないで表現する。言葉の変化を進んで迎合するのではなく,あるべき姿の日本語を使うという基本原則で書くことが大切である。とりわけ,「ら抜き」言葉は,要注意である。

## 5　文語調と口語調の混淆

古語つまり文語調の言葉を使った所見は,まれにある。
次のような例である。

---
　～より　　～にて　　～であります　　あたかも　　思わしめる
　もしくは　　すなわち

---

例えば,次のような所見の例である。

---
　学芸会では,あたかも俳優のように上手に演技ができました。

---

「あたかも」が,文語調である。これは,「まるで」と改めさせる。

| 　学芸会では,まるで俳優のように上手に演技ができました。 |
|---|

「～より」も文語調である。これは,なかなか格好よいので,次のようによく使われる。
「ロシアより愛をこめて」
このような場所の起点を示す場合には,「ロシアから」と表記する。
「午前10時より」
このような時の起点を示す場合も「午前10時から」と表記する。
所見でも,次のように使われることがある。

---
　警察署より表彰されました。

---

この「より」が，文語調である。これは，「から」と改める。

> 警察署から表彰されました。

以下，変更例を列挙する。
「〜より」　　→「〜から」
「あたかも」　→「まるで」
「思わしめる」→「思わせる」
「のみならず」→「だけでなく」
「もしくは」　→「または」
「すなわち」　→「つまり」
「いわく」　　→「言うことには」
「〜にて」　　→「〜で」
「いかに」　　→「どのように」

このように結構使われる言葉が多い。文語調なのか現代語なのかについては，迷うことがある。

これは，現代語として適切か？他の言葉に言い換えられるかどうか，等で判断するとよい。つい無意識に使ってしまうことが多い。あえて意識して使ってほしい言葉である。

## 6　俗語・誤用

「俗語」とは，日常の話し言葉である。もともとは，詩歌や文章表現で使われない言葉である。今は，公用語として使えない言葉遣いである。
　次の言葉で，俗語はどれか？
(ア)　アタマにくる
(イ)　いじける
(ウ)　やばい
(エ)　かぶる

㈵　ぐれる

　正解は，㈠「アタマにくる」㈦「やばい」㈢「かぶる」である。(『広辞苑』岩波書店参照)

　「いじける」「ぐれる」は，古くから使われている言葉である。ただ，「やば」という言葉は，「不都合なこと。けしからぬこと。奇怪なこと」という意味で古来使われてきた。しかし，「やばい」は，俗語である。

　「かぶる」は，最近新しい意味内容でよく使われる俗語である。「注文がかぶる」など，重複している意味で使われている言葉である。もともとは，「帽子をかぶる（被る）」というように，物を覆う意味で使っている言葉である。

　次のような所見（下書き）があった。

> 　他の班と発表する内容がかぶらないようによく連絡を取り合って，発表しました。

これは，次のように書き改められた。

> 　他の班と発表する内容が重ならないようによく連絡を取り合って，発表しました。

この言葉は，日常的に頻繁に使っているので，気付かないことが多い。

　次は，誤用とされる言葉である。

　この他にも，最近あまりに多いのが，「なので」と，接続詞として使っている言葉である。特に，社会科見学や研修会などで若いガイドさんがよく使っている言葉である。

> 　この場所では他の学校の生徒さんもおいでになります。なので，皆さんはお時間を守ってお楽しみください。

先生たちもよく使っている。公用文の言葉ではないから，所見では使えない接続詞である。

　最近，新聞記事からNHKのアナウンサーまで言葉遣いが気になる。例えば「注目が集まる」という言葉である。これは「耳目が集まる」か「衆目が集まる」の誤用ではないのか？
　以前は「注目される」とか「注目を浴びる」という使い方をしてきたはずだ。私は，この言葉遣いが間違いではないか，とNHKに質問したことがある。こういう答えが返ってきた。

> 間違いとは言えません。「今，現在」などと同じような使い方です。

　私には，まだ違和感がある言葉遣いであり，納得がいかない。この言い回しは，今では毎日のように使われており，すでに誤用とは言いにくい状況になっている。
　「言葉は生き物」という一つの例である。所見では，「あまねく認知された言葉遣い」をすることが大切である。

## 7　絵文字

　まさか所見に「絵文字」を書くことはありえないと思う。念のためこのことも触れておく。
　現代は，メールの社会であり，学校も同様である。教育委員会と学校間では，毎日交換便という文書類が配送される。それと同じようにメールでの連絡が連日ある。予算の決済も副校長・校長のチェックをパソコンで毎日数件行う。うっかり長時間かけて教室回りをしたり，来客と長話をしたりするとたちまち滞ってしまう。
　朝の出勤時，10時，13時，15時，退勤時の最低5回はチェックしないと遅れてしまう。だから，業務の合間にパソコンに向かう日常である。
　仲間内では，ジョークで次のような絵文字を書く（書かれる）ことがある。

（笑）　　（涙）　　m(＿ ＿)m　　(＾_＾;)

　これは，軽薄で手抜きなメッセージである。あくまでもごく親しい身内だけのメールのやりとりに限る。
　さすがに，これまで所見に絵文字を使った人はまだいない。
　もちろん，今後も使ってはならない。
　所見の文章は，読むだけで保護者が理解できるものでなければならない。これまで述べてきたように，的確な表現をするために大変な時間と能力を費やすのである。
　絵文字はこれに耐えうる表記ではない。

## 8　手柄は子どもに──「秘すれば花なり」

　「秘すれば花なり」は，室町時代に能を広めた世阿弥の警句として有名である。文字通りの意味では「隠してこそ花である」という意味で，しばしば使われる。ただし，「能ある鷹は爪を隠す」という意味ではない。
　もとは「秘すれば花なり　秘せざるは花なるべからず」という秘伝の言葉である。「花」というのは，「演技の美というか，あるいは表現の効果というふうに解してよい」といわれる。何かを隠していなければ表現効果があがらない。何を隠すのかというと「芸術家の表現の意図」である。（山崎正和『室町記』講談社文芸文庫　参照）
　山崎正和氏によれば，世阿弥は次のようなことを身に染みて知っていた。
　お客は冷たい。演者の「この工夫はいかが」という見え透いて得意げな作意が見えると観客は横を向く。臭い演技はいけない。観客心理には，役者の自己顕示に対する反感があり，表現の慎みを求めるものである。
　このことを実践するのは，至難のわざである。工夫すれば自己主張につながる。熱意を込めれば自己顕示になりがちである。では，どうすればよいのか？
　世阿弥は，言った。「わが心をわれにも隠せ」と。表現の意図を自分の心にも隠せということである。
　端的に言えば，よく稽古をしろ，と世阿弥は言っているのである。工夫を

## 第5章　教師の人格が疑われる書き方

自分でも意識しないくらいに消化して身に付けよ，ということである。観客の前に出たら，自然の花が咲いたように見事で，抵抗感のない表現が生まれる。これが，「秘すれば花なり　秘せざるは花なるべからず」という言葉の真意である。

　ここに，所見の書き手である教師の究極の理想像がある。
　冒頭で，教師は指揮者であり演出者であると書いた。しかし，間違った方向に指揮したり，下手な演出＝臭い演技をしたりしたら逆効果である。ここを間違ってはいけない。この戒めをもって教え，書くことが大切である。我流の表現では保護者に横を向かれる。

　子どものよい言動を引き出し，それを表現するには，それなりの教師の努力が必要である。日頃のトレーニングがものを言う。
　教師が，子どもに方向性を示し，活躍できる場をたくさん設ける。その場での子どもの姿を描写し，子どもの手柄として価値づける。そういうトレーニングを積み重ねる。あからさまには言わないけれど，保護者は日頃の教師の努力や配慮を推し量る。
　たとえほめていても，通り一遍の表現では保護者の心には届かない。子どもの長所を臨場感をもって書けるようにしなければならない。

> 全てを子どもの手柄とする。

　これが，通知表を書く原点である。

　最後に，勤務校の若手の先生たちに言っている言葉を贈って結びとしたい。

「常に学び続ける教師だけが，子どもの前に立てる」
　これを，肝に銘じて，教師修業を楽しんでいただきたい。所見の書き方のトレーニングは，教師修行に通じるのである。

## おわりに

　先生たちは，通知表の所見に一苦労している。書き方がわからない。直されても腑に落ちないのか，あまり改善されない。つまり，応用できない。先生たちは困っている。そして，これは，管理職としての私の悩みのタネでもあった。
　そこで，単なる添削では埒が明かないと考え，若手教師対象に演習方式の研修を行うことにした。所見の書き方の原則を学んで，応用できるようになってほしいと考えた。
　これを基に，本にまとめることにした。
　そもそも「通知表」の所見の書かせ方について学ぶモデルはない。「通知表」というと，全て「書き方」の本が出版されている。理想的な例文を取り上げて，それをまねるパターンである。まさに至れり尽くせりである。もしかしたら，そのまままねても通用しそうな例文もある。
　しかし，それでは臨場感のある所見とはなりえない。通り一遍で不自然でよそよそしく，保護者に届かない所見になるに違いない。やはり，具体的な場面が思い描けるような，その学校の，その学級の，その子の事実の描写がほしい。
　先生たちは，「〜のやり方」の類は，大学でほとんど身に付けてきていない。チョークの持ち方，チョークの使い方，黒板の文字の消し方，画鋲の止め方，発問の仕方，指示の出し方，音読のさせ方，発言のさせ方，清掃指導の仕方，給食指導の仕方，……などなど，これらすべてを新任教師は現場で初めて学ぶ。所見の書き方についても全く同じである。
　この課題に応えるために，執筆の決意をした。

　本書では，過去の実際の所見の下書きを取り上げている。できるだけ実際に近い形で学べるようにしたかったからである。
　本書の児童の作品については，実名を掲載していないが，保護者の方には

快くご了解いただいた。

　また，演習には，勤務校の先生の他，研究同人の先生方にも協力していただいた。また，25年前の教え子たちには実物のコピーをもってきてもらう等協力してもらった。

　この企画を勧めてくださった樋口雅子編集長には，大変貴重なご助言をいただいた。

　これまで関わった多くの皆さんに，心から感謝申し上げ，筆をおく。

平成25年2月

**駒井　隆治**

【著者紹介】

駒井　隆治（こまい　りゅうじ）
昭和27年4月14日　宮城県生まれ（本籍　岩手県宮古市）
昭和50年3月　千葉大学教育学部卒。
　　　　　　　小学校教育学専修。
　　　　　　　千葉大学合唱団員として活動。
昭和50年4月　東京都公立小学校教諭
平成14年4月　世田谷区立中町小学校教頭
平成17年4月　渋谷区立代々木小学校副校長
平成21年4月　立川市立大山小学校校長　現在に至る
日本教育技術学会，日本言語技術教育学会，日本体育教育技術学会　等に所属

〈単著〉
『論説の手法を教える』（明治図書　1991年）

〈共著〉
『国語科授業の常識を疑う・詩』（岡本明人編 明治図書 1990年）
『国語科授業の常識を疑う・作文』（岡本明人編 明治図書 1990年）
『国語科授業の常識を疑う・説明文』（岡本明人編 明治図書 1990年）
『評価に役立つ体育学習ノート集』（東京西部教育技術研究会著 明治図書　1996年）
『1年生の保護者を安心させる資料はこれだ！ファックスコピー集』（同上1998年）
『10分間生き生き教材・実物ヒント集』（同上1999年）　他

〈論文〉
学校経営・国語・社会・体育等の論文を中心に専門誌に多数発表

管理職が添削する「通知表"所見の言葉"」
―教師目線の書き方トレーニングBOOK

2013年6月初版第1刷刊　Ⓒ著　者　駒　井　隆　治
2022年6月初版第5刷刊　発行者　藤　原　久　雄
　　　　　　　　　　　　発行所　明治図書出版株式会社
　　　　　　　　　　　　　　　　http://www.meijitosho.co.jp
　　　　　　　　　　（企画）樋口雅子（校正）㈱東図企画
　　　　　　　　　　〒114-0023　東京都北区滝野川7-46-1
　　　　　　　　　　振替00160-5-151318　電話03(5907)6701
　　　　　　　　　　　　　　ご注文窓口　電話03(5907)6668
＊検印省略　　　　　組版所　中　央　美　版

本書の無断コピーは，著作権・出版権にふれます。ご注意ください。

Printed in Japan　　　　　　　　　ISBN978-4-18-086019-7